活出自己 2

New Business Women
新商业女性 新商业女性 出品 王辣辣 陈韵棋 主编

华中科技大学出版社
http://press.hust.edu.cn
中国·武汉

图书在版编目(CIP)数据

活出自己.2／王辣辣,陈韵棋主编.—武汉:华中科技大学出版社,2023.4
ISBN 978-7-5680-9226-5

Ⅰ.①活… Ⅱ.①王…②陈… Ⅲ.①女性-创业-基本知识
Ⅳ.①F241.4

中国国家版本馆 CIP 数据核字(2023)第 033470 号

活出自己 2　　　　　　　　　　　　　　　　　王辣辣　陈韵棋　主编
Huochu Ziji 2

策划编辑：沈　柳
责任编辑：沈　柳
装帧设计：琥珀视觉
责任校对：谢　源
责任监印：朱　玢
出版发行：华中科技大学出版社(中国·武汉)　　电话：(027)81321913
　　　　　武汉市东湖新技术开发区华工科技园　　邮编：430223
录　　排：武汉蓝色匠心图文设计有限公司
印　　刷：湖北新华印务有限公司
开　　本：710mm×1000mm　1/16
印　　张：14.25
字　　数：126 千字
版　　次：2023 年 4 月第 1 版第 1 次印刷
定　　价：48.00 元

本书若有印装质量问题,请向出版社营销中心调换
全国免费服务热线：400-6679-118　竭诚为您服务
版权所有　侵权必究

序言

澳大利亚作家邦妮·韦尔曾经是一名照料绝症患者的护士,在她写的《临终前最后悔的五件事》这本书中,在这些人最后悔的五件事当中,排名第一的是后悔没有勇气过自己真正想要的生活,而是过着别人期望的生活。

那么,过自己真正想要的生活,真的那么难吗?是的!

小时候,活成父母期待的样子;毕业后,活成领导或同事希望的样子;结婚后,活成另一半要求的样子;当父母后,为孩子倾注了一切。

我们一直都在为别人而活,慢慢地就会在焦虑中忘记了自己为什么出发,在忙碌中忘记了自己奋斗的意义,在奔跑中忘记了给自己一个拥抱。

为什么没有勇气过自己真正想要的生活呢？因为我们害怕，害怕被别人说自私，害怕别人不再喜欢自己，但是，谁又会真正在意我们过得如何呢？正如杨绛先生所说："我们曾如此期盼外界的认可，到最后才知道，世界是自己的，与他人毫无关系。"

本书的15位作者，她们也曾经焦虑过、迷茫过，最后找到了出口，过上了自己真正想要的生活。

听从内心的声音，做真实的自己

人间清醒行动营创始人苏菲，追求恣意、自由的生活。她不想讨好任何人，也不想讨好这个世界。一个人的生活虽然有很多不容易，但至少会无条件地爱自己。

心力教练渲子，从工作到创业，一路跌跌撞撞，但她是勇敢的，因为她听从了内心的声音，活出了王小波书里所写的"我希望我的'自我'永远'滋滋'地响，翻腾不休，就像火炭上的一滴糖"那种状态。

情绪引领幸福导师邢利苹，曾经每天身着"铠甲"，去面对生活的挑战，拖着沉重的步履，艰难地前行。新商业女性让她找回真正的自我，温暖而笃定。活出自己，一切都将迎刃而解。

美好生活方式践行者品家，在人生的上半场屡屡受挫，但依然勇敢地站起来，继续前进，并且在一次次成长中，疗愈了自己。

努力生活的人,都值得世间所有的美好,他们绽放出了自己想要的样子。

人格IP商业顾问鲁米,曾经勇敢、倔强的她,因为住进了继母家而变得自卑、敏感,在一次次的挫败中艰难前行。直到她找到生而为人、自带的生命力,才有了重新开始的勇气,重塑自我。

钱袋子财商教育平台创始人大可,在获得了两次财富自由后,依然发现自己没"自由"过。自由,来自人的心灵。每个人都可以靠自己的双脚站起来,获得金钱和自我的觉醒,在生命自由的同时,获得财富自由。

相信梦想的力量,建设美好的世界

锦瑟能量文化传媒创始人李晶,在留学回国后,曾在外企和央企工作过,最终放弃了工作,转行做心灵情感成长导师,回归自己的天赋。也许我们不是没有梦想,只是没有勇气放手,去追求自己的梦想。

家庭教育指导师小云,从父母朴素的教育理念中,感受到教育的重要性,后来,她发现父母对教育的认知是孩子成长的天花板,这更加坚定了她做教育的信念。即使遇到挑战和质疑,她依然坚持初心。

元气泡泡童装创始人肖燕,儿时因为穿搭,她发现了自己对服装设计的热爱,又因开启童装行业新模式而找到了使命感和社会价值,决心要让孩子从小得到"美"的熏陶,同时,寻找多元亲子生活新形态。

儿童作家导师雪松,她看似普通的人生里,却有很多不平常的经历。从小缺少父母的陪伴,所以她特别注重与孩子的心灵交流,通过线上童书读书会,培养孩子的经验,陪伴和引领孩子成长。

找到生命的意义,过有价值的人生

成长赋能教练香芸,从小就下定决心,要靠自己的努力,让父母过上幸福、健康的生活。极富同理心的她,对生命充满了热情,帮助他人成长和探索人生,让自己充满幸福感和成就感。

曼陀罗人生解读导师孔迪,从职场精英变成"黄脸婆",经历了在事业和婚姻中的挣扎后,找到了女人幸福一生的密码,更找到了自己的事业方向,重新认识人生的意义,做到了经济独立与人格独立。

财富管理私人顾问宋宋,一个出身于书香门第、家境殷实的江南女子,却因家境变迁而开启了对金钱、财富、爱和生命的探索。在财富与爱的觉醒中,她找到工作真正的意义。

国际教练联盟认证领导力教练小山,在十几年的工作中,不断探索,终于通过教练,找到了自己的生命意义,就是通过提升自我的领导力,赋能企业的管理层,实现了个人成长和职业发展的双丰收。

财务建筑师颜菁羚,搭上了金融业的顺风车,在2008年的全球金融海啸中,目睹了客户损失惨重的无助与绝望后,她决定成为能帮助用户活出精彩人生的财务建筑师。

也许你能在她们的故事里找到自己的影子,也许你的境遇和她们并不一样,但这并不影响我们从中得到一些启发。记得,累了,就要抱抱自己。

蔡康永说:"对自己好一点,那是会跟你在一起最久的人。"无论世界如何变化,我们都不能丢了自己。只有照顾好自己,才能照顾好全世界。

陈韵棋

2023年2月9日

contents

第一章　新商业女性 ······························ 001

新商业女性简介 ································· 002
吉祥物——粉豹 ································· 008
你追逐的，是谁眼里的成功呢？ ····················
······························· 创始人王辣辣/ 011

第二章　听从内心的声音，做真实的自己 ······ 027

女人，请先爱自己 ···················· 苏菲/ 030
有人说，要有一份体面、安稳的工作；有人说，要嫁得好，有幸福的家庭，有疼自己的老公、听话的孩子；我说，女人最重要的是要爱自己！没有能力的爱，就是讨好！

活着 …………………………………… 渲子 / 039

长大后，母亲告诉我："你能来到这个世界上，是天意。"回首三十多年来，有学生时代的一帆风顺，工作后的跌跌撞撞，探索生命意义后的平和笃定，我逐渐知道为何会来到这个世间，为何活着。

活出自己，一切都将迎刃而解 ………… 邢利苹 / 050

或许你一路善良，却一路被伤害；或许你一直在付出，却一直没有得到想要的结果；或许你四处拼杀，却总是铩羽而归……亲爱的，我想告诉你，这不是你的错，也不是世界的错。做好自己，活出自己，一切都将迎刃而解。

我走在一条不同的街道上 ………………… 品家 / 063

在成长的路上，有时候我们貌似在重复，结果是掉入同一个洞里，只是忘了去看我们掉下去的姿势已经不同，对洞的感受也有改变。而这些细微的变化就是成长的明证。

每个人都有独属于自己的"人生商业" … 鲁米 / 084

本以为上帝给了我一把通往光明的钥匙，却临时又换了一把锁。幸而如今我意识到，把责任收回到自己的身上来，一切都可以主动创造。补认知、磨能力、修道心、下场干，让成长更值钱，让商业更持久，让人生更自由！

通往财务自由的道路是自己 ················· 大可 / 093

人的不自由，不是因为钱不够，而是因为从来没"自由"过。自由，来自人的心灵。如果心灵不自由，哪怕拥有很多金钱，依然不会感受到金钱的善意，甚至还可能会困在这份财富所带来的烦恼里。

第三章　相信梦想的力量，建设美好的世界 ··· 105

走在天赋道路上，创造属于自己的未来 ··· 李晶 / 108

我们非常清楚地知道自己梦想的道路，也极其明白自己的天赋所在，但是真的大胆放手、敢于追求的人，却少之又少。有梦想的人生，就一定值得被期待；走在自己的天赋道路上，一定会金光闪闪。

教育就是一朵云推动另一朵云 ·············· 小云 / 117

父母对教育的认知是孩子成长的天花板，这更加坚定了我要普及家庭教育和亲子育儿知识的信念。即使会遇到挑战和质疑，但我依然坚持用心引导教育更多睿智的孩子，让孩子都能享受幸福的童年。

元气泡泡的童梦王国 ……………………… 肖燕/128

元气泡泡带给我很多感动和爱，它不仅是一个只提供儿童穿搭的服装品牌，而且是一个带着使命感与教育意义的造梦平台，一个记录孩子成长高光时刻的童梦王国。

看似是缺失，实则是收获 ……………… 雪松/141

我从小就喜欢莲花，"出淤泥而不染，濯清涟而不妖"。无论周围环境怎么样，希望我们都勇敢地做个纯洁、纯粹的人，坚韧又有力量。无论遇到任何事情，都往好处想。看似是缺失，实则是收获。

第四章　找到生命的意义，过值得的人生 ……… 151

活出自己的生命意义 ……………………… 香芸/154

小时候，保护妈妈是我的生命意义；在大学里，助人为乐是我的生命意义；在职场中，成己达人是我的生命意义；结婚后，把孩子培养得十分优秀,是我的生命意义。现在,我开启了新的征程,去探索人生无限的可能,活出丰富多彩的人生。

建设好自己是女人幸福一生的密码 ········· 孔迪/166

女性的一生需要演绎职场的自己、父母的女儿、丈夫的妻子、孩子的母亲这四大角色,在不同的阶段,需要用正确的方法及时调整自己的生活和工作的重心。如何围绕心灵和谐、家庭幸福、美丽自信、人际关系、学习成长、健康休闲、财务独立、成就荣耀,这八大方面去持续发展,是女性一生的追求。

我爱钱,更爱你 ······························ 宋宋/177

财富是什么?仅仅只是账户里上下起伏的数字,房子、车子在市场的估值吗?"理财"不再是为了将资产从这个形态变成那个形态,而是现在的自己给家人和未来幸福生活提前播下的爱的种子。

每个人都是自己命运的领导者 ············· 小山/188

一个组织里,每个人的领导力都得到释放,所有的领导者通过共创合作,一起实现共同的商业愿景,创造社会价值,实现人与自我、与他人、与地球生态友好连接的方式,实现商业成果。这就是,我心里,未来商业的样子,也是未来组织的样子。

从高薪"月光族"到理财女王的逆袭之路……………………………………………………………… 颜菁羚/200

我把思维从"生存模式"转换成"我可以帮助多少人的人生",情况就完全不同了。我可以有选择权,可以按自己的意愿过一生。也可以让很多人,因为理财,过上优质的生活,赢得美好人生。

第一章

新商业女性

新商业女性简介

新商业女性成立于 2018 年 11 月,致力于帮助女性解决在个人成长、创业路上遇到的问题,陪伴和帮助女性,赋能女性创业者,是在中国女性精神消费升级的大背景下诞生的一个女性成长及商业教育平台。

新商业女性以新经济时代中的女性商业发展为入口,用社群模式承载和服务会员用户,为用户提供优质的女性教育内容,打造女性教育第一品牌,并提供综合性的会员服务,包括女性个人成长教育、女性商学院、女性教育赛道的个人创业机会、品牌投资与孵化服务、创业者商业模式梳理、会员圈层资源互通合作的共享平台。新商业女性的目标是建设一个全新的女性商业生态圈。

新商业女性的使命:助力中国女性崛起,让每一位女性经济独立、人格独立,拥有精彩的人生。

新商业女性的愿景:成为全球最有价值的女性教育品牌,构建女性商业大生态圈。

新商业女性的价值观：独立、大爱、互助、包容、拥抱变化、快速迭代。

新商业女性拥有五大业务版块：社群、教育、电商品牌中心、文化传媒、投资孵化，所有版块指向共同的使命、愿景和价值观，帮助女性解决情绪内耗问题，提升认知，构建商业思维和获取资源，共同打造一个女性社群生态闭环。

社　　群

新商业女性旗下的社群体系拥有共同的使命、愿景、价值观，1000多个标准收费线上社群覆盖了国内的主要城市以及部分海外城市，在国内三四线城市的活跃度十分高。社群集合了母婴、旅游、教育、美妆等多个行业的优秀女企业家、创业者，以及积极向上、渴望提升认知、改变自我的上班族、精英宝妈和其他优秀女性。新商业女性的社群在统一的文化基础上，通过统一管理、统一运营，形成社群矩阵，共生共荣。

我们通过社群体系，激活一个个女性个体，为每一位女性赋能,每年提供 100 多门优质的社群课程,内容涉及商业思维、创业方法、品牌打造、身心灵提升、审美力、自信力、演讲表达力等。每日分享金句、短视频,每周分享书籍,定期举办线下交流会,用最适合女性的学习方式,帮助女性打破认知差,突破圈层和固有思维的高墙,完成自我成长和商业目标。

教 育

新商业女性旗下拥有创业营、游学营、工作坊这三大课程体系,通过培训,提高女性的理解力、表达力、沟通力、影响力和领导力,全面提升女性综合能力,提供自平台资源,帮助品牌完成从 0 到 1 的孵化,推动优秀企业的指数级增长,从根源上解决女性情绪内耗、缺乏自信等问题。

新商业女性·创业营系新商业女性旗下的教育品牌,由深圳市人大代表、美丽华集团董事长胡萍,深圳与君资本创始人兼董事长张琦,新商业女性社群创始人王辣辣,新商业女性·创业营创始人金滢,联合中国一线女性企业家与创业者共同发起。女性创业者在面对企业、家庭的疑问时,很难独自找到最优解。只有企业家才能真正帮助企业家,快速找到问题的解决方案。几乎每个女性创业者都会面临角色困惑、思维障碍和圈层局限,新商业女性·创业营将用十年的时间,陪伴新一代女性实现商业梦想。

新商业女性·游学营系新商业女性旗下的游学品牌,旨在带领中国女企业家与创业者走向国际,开拓她们的视野;进入国外顶级的名企、名校,与最成功的企业家、高管与教授对话;整合中外资源,为中外企业间的合作打好基础;构建国际化的高端人脉网络;助力品牌实现国际化的发展目标,与世界接轨;感受和学习最前沿的商业模式与创业创新精神。目前已推出的游学路线包括新商业女性美国硅谷创新研学之旅、新商业女性日本创新研学之旅,同时,南美洲秘鲁沙漠马拉松游学、北印度冰上徒步游学也在研发内测中。

新商业女性旗下的教育品牌新商业女性·工作坊,由领域专家、行业领袖作为课程引导者,通过精准的内容设计、知识导入和团队研讨,以小组协作的形式,带领学员逐步理清思路、解决问题并达成共识。这是最具实效的问题研讨、对策设计以及群体学习的方式,也是打造高质量核心团队的制胜法宝,适合企业高管或核心团队一起学习,由此提高团队领导力与凝聚力。目前分为产品工作坊、创业工作坊和领导力工作坊三个版块。

电商品牌中心

新商业女性旗下的电商品牌中心专注于服务自有生态圈中的电商品牌，主打美妆、母婴等领域，为用户提供内部IT系统和渠道机制，助力自有生态体系内的品牌推广。

文化与传媒

新商业女性旗下的文化传媒版块，运用官方媒体和第三方媒体进行全平台、全网络的宣传。结合公益读书会等项目，推出系列人物视频和文字专访、年度人物评选、节目专栏以及出版系列图书。

投资与孵化

2019年3月1日,新商业女性第一支专门投资与孵化女性项目的投资基金成立,专注于投资自有生态圈中的女性创业项目与品牌,现已成功孵化"少女妈咪"社群、"野生少女"品牌、"赵小呆"知识IP等项目。通过一对一的品牌梳理,帮助品牌快速找准定位,建立可落地的商业模式;通过社群裂变,帮助品牌获取流量;协助搭建合理的股权架构以及筹措运作资本,最终助力内部品牌完成品牌落地和实现商业梦想。

吉祥物——粉豹

新商业女性的吉祥物是粉豹,它的名字叫Lalay。

粉豹和创始人辣辣同名,也是辣辣的最爱,包含一切都"爆"的美好寓意。

粉色是最少女的颜色,表达了对女性的美好期许,不管你多

少岁,都要相信爱情、相信自己、相信美好的事情会发生……粉豹穿着宇航服,意味着它会飞,有能量,有大格局,甚至可以俯瞰地球。

粉豹代表了新女性形象:

"Q 弹"——皮肤 Q 弹,状态 Q 弹,遇到问题也 Q 弹。永远好看,永远美好,永远相信自己!

"软萌"——软是一种智慧,萌是一种状态。软是指处理问题不强硬,好好说话;萌是一种保持好奇心的状态。

"有趣"——灵魂有趣的人,才会走进新商。有趣是一种氛围,来新商就是找对自己的氛围,嗨起来!

王辣辣

新商业女性创始人
新女性IP商业导师
女性成长KOL

扫码加好友

你追逐的,是谁眼里的成功呢?

这也许是你看过的最不典型的成功者,这也许是你看过的最不像创业女孩故事的真实故事。

本书中的所有故事都是本人亲述的,除了这一个——王辣辣的故事。由于她个人的立体性和复杂性,光从主观视角远不能叙述完整,于是我们把最熟悉她的人,包括她的妈妈、合伙人、助理等召集起来,做小型研讨,最后整理成这篇文章。

一个充满人文情怀、
寻找人生意义的"富二代"

王辣辣是一个出生在安徽宿州农村的女孩儿,大概大部分认识她的人都不知道这个。

王辣辣在六个月的时候,因为急性肺炎奄奄一息,王辣辣妈妈抱着她冲去镇上医院,医生摇摇头说没办法。王辣辣妈妈没有放弃,又跑回村子里,千方百计找到一位民间医生,居然起死回生。

别人问王辣辣妈妈,那时候是怎样的感受,王辣辣妈妈说,她就是很相信王辣辣,不管医生怎么说,她就是相信——她相信王辣辣一定会好起来!

王辣辣先天骨骼畸形、胸骨弯折,五岁的时候,她做了手术,把胸骨打断,调整位置,矫正重长。她胸口的玫瑰花文身,其实是为了遮盖一条长长的如玫瑰刺一般的伤疤。

这些事王辣辣从未说起,因为她更愿意传递美好。她总能看见生命里那些美好的人、美好的事,只想把美好带给世界。她是一个引领者,总是看向未来,也总是带领大家走向未来,把那些艰难的时刻都抛到身后。

王辣辣七八岁的时候,她父母开始创业开工厂,她跟随父母搬到了镇上,住进了自己家的大院里,正式开始了一个小镇"富二代"的生活。一切都似乎唾手可得,每次去商店,父母都会让王辣辣随便拿,直到拿不了了为止。家里有专门的司机、保姆和厨师,她成了不折不扣的大小姐,但她并没有很享受这些丰富的物质,相反,她几乎没有任何感觉。无论是在村子里,还是在小镇上,她唯一的爱好就是看书,她每天都在看书,看遍中外名著,她几乎把镇上的新华书店都搬回了家里。

从《傲慢与偏见》到《悲惨世界》,从《活着》到《白鹿原》,从《拿破仑传》到《飘》……这些作品的熏陶,让她的成长历程中,积淀着深厚的人文底蕴,并对她的事业和生活都产生了深刻影响。

一个出国变出道、横冲直撞的商业"网红"

成年后,王辣辣也有着和其他"富二代"一样的苦恼——被迫回家接班。一个刚刚从文学系毕业的学生,进入了一家巨大的工厂,开始在很多人明着尊重、暗里欺负的环境里开始复杂的管理工作。

也许是因为过于拼命,在 2013 年,她得了肾炎,尿血。医生说,就算康复了,她也活不过 10 年。治病期间,她吃含有激素的药,吃得圆滚滚的。

病好之后,她去泰国休养,开始重新思考人生的意义,于是她想做点事情,自己想做的事情。她开始发朋友圈,从只有 50 多人的好友数、一条朋友圈的点赞量只有一两个开始,每天发十几条朋友圈,加附近的人,进入当地的华人社群。

她每天都在交朋友、聊天、拍照和发朋友圈。

过了很长时间,点赞量也没什么太大的变化,还是个位数,但每一次参加活动,她都会上台发言,都会圈粉,也一定会把现场的人全部加为好友。

这种状态一直持续到某一天,她突发奇想,想开一个酸辣粉店。在当地没什么资源,也并不了解餐饮行业的她,飞去了重庆,几乎吃遍了重庆所有的酸辣粉,然后拜师学艺。

师父跟她说,如果你真想做好酸辣粉,你就去别人的店里跟着卖粉。她真的去了——一个从小十指不沾阳春水的大小姐,认认真真地做起了酸辣粉店的伙计,帮店铺吆喝、出餐和洗碗。

后来,她学成准备正式开店,从国内空运食材去泰国,2014年11月在清迈开了第一家店。在整个过程中,每个小细节她都会发朋友圈。把做一碗粉的小生意,像获得世界大奖那样去展示。不是做作,而是热爱生活!她的真情实感感染了很多隔着手机屏幕的人,很多人像追剧一样地参与其中,见证着这家店从无到有的每一步。

结果,店一开起来就"爆"了,很快就成了网红店。泰国华人圈里所有名人都是王辣辣酸辣粉店里的常客。店铺的logo(Q版的王辣辣头像)是粉丝设计的,店里的所有员工都是粉丝,很多粉丝辞掉很好的工作，一定要来和王辣辣一起开店。

五湖四海的王辣辣粉丝们建立了各地分舵，王辣辣无论去哪里，都有粉丝自发来接机，为她安排吃喝用住，做免费向导。

后来，王辣辣打算开分店，发了一条朋友圈，众筹 100 万元开分店，几分钟后众筹款就超过了目标金额，但还是挡不住很多粉丝硬要转账，没抢到名额的粉丝难过得都要哭了。

一个出圈归国、
搅动京城创投圈的非典型创业者

王辣辣酸辣粉店成了很多国内游客去泰国打卡的第一站，当地名流也纷至沓来。

王辣辣要么在店里招待客人，和大家聊天，要么在各种社群里交朋友，还被邀请到各个地方做分享，不少听众都成了"辣粉"。王辣辣很爱"辣粉"们，有一次，一个游客找了半天，好不容易找到她的店，但是店铺已经打烊了，师傅们也都下班了，王辣辣就把店门打开，亲自下厨煮粉，招待这个风尘仆仆的客人。

可就在王辣辣酸辣粉店开得如火如荼、红遍全泰国的时候，突然一个消息传来。

2015年6月，王辣辣家里破产了，从拥有巨大资产到背负巨大债务。

短短一年时间，王辣辣经历了人生的第一次从0到1，但现在她要回国，面对人生更大的挑战了。

得益于之前一次北京地产圈的人去泰国考察，王辣辣的演讲圈粉了很多地产金融圈的牛人，所以她找到了一个优秀的律师团，回到安徽老家，帮妈妈处理各种复杂的情况。

破产的阴霾笼罩了整个家族，所有人都处在绝望中。王辣辣告诉自己，一定要振作起来，带给全家活下去的希望。

王辣辣此时第一次产生了要赚很多钱的想法，虽然泰国的店开得很好，但开店赚的钱不可能解决家里的问题。

带着对巨大黑洞般未来的恐惧和不再能自由选择理想的巨大痛苦，她还是扛起了家族重担，把泰国的店安排好之后，卖掉自己名下的资产，头也不回地只身飞回北京。

王辣辣以自己当时有限的了解，心想要赚大钱，就要去地产金融圈。所幸在泰国时，她已经火到在国内创业圈里也小有名气，加上她天生社群主"体质"，一到北京，她就建立起新的社群——辣星系，成员全是各行业顶级的"大佬"。她和合伙人在三元桥的办公室成了藏在京城里的一个高维思想聚集地。

地产金融圈里的各路"大神",每天一波一波地到访,络绎不绝,门庭若市。在刚到北京的大半年里,王辣辣持续参加各种商业讨论,她的商业认知也在指数级地提升。她通过参加各种商业活动,成立基金,建立了自组织——大家一起做事,投资、孵化一些项目。

2015年辣星系的商业逻辑和今天新商业女性的并没有什么不同,只是那时候互联网创业才刚刚兴起,分布式、自组织、社群商业、节点网络这些概念,直到今天都显得太过超前,在五六年前,就更是超越了时代,听得懂的人太少,也没有能支撑这种利益分配的基础设施,能落地的项目少之又少。

谁也没想到,最容易打动投资人的、有时候仅仅花一顿饭的时间就能敲定下来的项目,居然还是王辣辣的老项目——王辣辣酸辣粉。

那是互联网餐饮最黄金的两年,投资好拿,事情好做,在当时怎么看,这都是一个再正确不过的决策,于是王辣辣一咬牙——上!单独看事情的决策没有好坏、对错,只有和人对应上的时候,才有适不适合。

这个决策让王辣辣进入了一个她很难发挥天赋,却需要补上很多短板的商业圈里。王辣辣有超强的社群优势、营销优势和内容优势,但餐饮创业除了这些,不可或缺的是精细化的管理能力和批量化的复制能力,成本、供应链、门店运营、员工标准化管理,全都是王辣辣的短板。在泰国开店的过程中,她更像是一个品牌创始人+社群精神领袖+投资人,真正的店铺都是粉丝自组织做的。

北京互联网餐饮创业这一波浪潮,让王辣辣的IP名气和酸辣粉的估值一直在涨,有太多人想要做加盟店,但为了品质,王辣辣坚持做直营,很长一段时间以后,才开放加盟了几家店。

因为名气和实力,她总能拿到别人拿不到的好位置,北京大悦城、悠唐、百子湾、合生汇……她总是在最好的商圈开店。

2017年,直营开了很多家门店,积累多时的问题终于都爆发出来,王辣辣不得不关掉好几家门店。

一个面对失败
却从未停下创造脚步的天生领袖

王辣辣虽然关掉了一些门店,但王辣辣酸辣粉果断成功转型做快消品。那时候,正迎来快消产业的春天,餐饮行业的投资人也愿意把原本的投资转入快消,还有很多机构想跟投。那时,华丽转身切进快消是一个资本创投圈的人怎么看都极大利好的事情,毕竟在此之后的两年,很多当时跟王辣辣学习的快消创业者都做大做强了,可想而知,当年有多么好的机会,可是王辣辣没有完全沉浸进去,她一边把王辣辣酸辣粉做成了快消品,一边在社群上重新开始。

2018年1月,王辣辣再一次建立起了社群"王辣辣创富群",专门带女孩子做商业运作。这个群就是新商业女性的前身,她在想报名进群的人里筛选了100个她觉得价值观很正的女孩,这个群就这么开始启动了。

王辣辣很快发现,原来女孩们大多还陷在情绪内耗里,她原本想带着大家做商业这个想法,似乎很难绕过情绪内耗直接开启,所以她就在群里做成长赋能,帮女孩们搞定情绪内耗,解决成长问题。

双线开战,她无法兼顾快消品的事业跟女性社群,必须做出取舍——王辣辣选择停掉餐饮、停掉快消,专心做女性社群。

这个决策要面对的是,如果继续做快消品,以前的餐饮投资人都转投快消品,还可以通过下一轮融资,拿更多的钱;但停下来要面对的,就是餐饮创业的失败,和跟之前投资人对赌所欠下的千万债务。

即使如此,在选择"事"还是选择"人"这个问题上,王辣辣毅然选择了"人"——一个人扛下了以前的债务,全力投入到女性社群中。虽然那时还不知道这是什么,不知道会怎么样,但她知道自己会创造出了不起的价值,会帮助很多女孩子。

那时候在群里的女孩们,很多确实成长了起来。比如小小白——当年是云南大学的一名老师、兼职做微商的七年超级"辣粉",后来也从一个 35 人的社群开始,两年就拥有 1000 多万粉丝,现在成了新商业女性的全球合伙人负责人。又比如星星海——一个为了不让老公觉得没面子,所以自己不敢优秀、不敢多赚钱的广西女孩,成了王辣辣的创始团队成员,来到深圳,2020—2021 年,星星海孵化了上万个群主,现在老公也从广西来了深圳和她一起。还有更多女性社群创始人,几乎都是从王辣辣的那个群里孵化出来的。

社群在陪伴和裂变的过程中,除了第一批的 100 人,后面每个人都交了入群费。即使如此,名额还是不够抢,群很快满了 500 人,很多人交钱之后要等坑位。

很多女孩在这个群里看见了人生的更多可能性,看见了"原来还可以这样活",看见了很多以前感觉距离很远的大 V,看见了不同世界观的碰撞,打开了新世界的大门。

如同这个张扬、有态度的社群名一样,那时候的王辣辣是野性而有魅力的、不羁而可爱的、充满想象力的。她的内心太过于饱满,常常满怀好意地说一句话,戳到别人的痛处,自己却一无所知;常常语出惊人,总是提及女性人格独立、经济独立、婚姻不美满还不如离了……,在那个女性独立意识尚未完全萌发的年代,这多少有点惊世骇俗。

王辣辣张扬的表现力、不羁的言辞和未婚先育的人生选择，总是吸引着大家的眼球，而看不到她的底层价值观——其实她只想让女孩们可以主动创造自己想要的人生。

一个不断破碎涅槃，
却逐渐发现人生真谛的幸福女孩

她是一个从小在大院里看书长大的女孩。

她是一个身上没有烟火气，无拘无束的女孩。

她是一个几乎没有情绪内耗、神经大条得像个直男的女孩。

她是一个一进社会就成了网红创业者的光芒万丈的女孩。

说来好笑，王辣辣像是一个年少成名的童星，还没来得及学会和别人日常相处，就一不小心在光环下长到"三十而已"。

第一个女性群，是她第一次那么近距离地和一群女性朋友在一起，她还没有做好准备。

她毫无恶意，只是完全地敞开，但她实在是能量太高，观点太犀利，光环太强，也不懂得自己说的话会让别人有很多种理解。

她也确实有被宠着养大所导致的坏脾气,所以在和别人打交道的过程里,特别容易让人误会。

王辣辣拥有超越世俗标准的自信和令人匪夷所思的能量,相信不管谁和自己在一起,都能得到莫大的帮助。也不知道她哪来的自信,但这就是她。

也许,正因为如此,只有这样的她,才能做出新商业女性这样的生态圈。

因为绝对地爱自己和绝对地相信自己,所以可以做出在爱的土壤中长出来的商业;因为拥有绝对的安全感,所以可以做出这样有巨大张力的商业;因为在任何境况下,都会去主动创造,所以可以做出这样激发很多女孩拿回人生主动权的商业。

王辣辣有着"无情商业主"的外表,其实从未在商言商过,在她的世界里,商业、金钱始终和爱紧紧地连接在一起。

被很多亲密的人误解后的王辣辣,受了很重的伤,却也在反思和成长。

2019年,她开始退居平台之后,做起了中后台的事情——团队管理、工具搭建等,她基本什么都干,带着团队一起,搭建好了这个生态圈的底盘。

她开始了埋头干活的两年,认认真真地做每一个用户的交付。曾经被人们误解的王辣辣,成了交付过量、终身陪伴与孵化的平台背后的最大功臣。

这两年,她从一个精致的女人变得不修边幅。被大家戏称为"新商整容院"的新商生态圈,很多女孩儿在这里解开封印,变成从未想过的美美的自己,只有王辣辣一个人变丑了。

这两年,她不再是不经世事的人,经历过众叛亲离、用户摩擦、团队内耗、合伙人矛盾、投资人起诉,大多的痛苦让她喘不过气,也因此让她对自己身心灵的探索更为深入。

2021年年初到年中,王辣辣经历了又一波密集的重创,管理瓶颈、人才流失、业务失衡等种种难题考验着她,这些也是从1到10必须要解决的难题。

她逃离深圳,奔向大理,很多人以为她去潇洒快活了,可实际上,她整个人几近崩溃,经常问自己怎么样可以死掉?她陷入了前所未有的自我怀疑,整个人的信念系统崩塌了……

为什么勤勤恳恳地趴在地上干了两年活,结果回头一看,身边所有人都不满她、质疑她。不知道发生了什么,不知道为什么会这样,为什么所有的人好像都觉得她不好,好像一切都是她的问题。她好像什么都没做,又好像什么都做错了。

可就在她最崩溃的那段日子里,即使你待在她身边,也未必看得出她的无助——除了每隔一段时间的崩溃大哭,有时是在家里,有时是在车里,有时是在大街上。

那时候的王辣辣,要面对的不只是内心崩塌,还有这个事情该怎么做、怎么决策,最终的方向是无比确定的,可脚下这一步要落在哪里?

在组织上、业务上、系统上,王辣辣在一步一步地部署、探索和试错。她在全国各地跑,我们眼看着局面在她手上一步步盘活,开始欣欣向荣。

她的状态也在一天一天地恢复,她做了很多心理咨询和治疗。每次好一点,能量就释放出来一点,到后来,这些也都成了生态圈里支撑系统的一部分。

那时候,她总说,她在大理找回了在清迈的时候的感觉。

枯萎的玫瑰,在再次肆意绽放的时候,让很多人记起原来的她是多么光彩照人。

在大理回归山水间,她重新思考了很多,慢慢跳出自己是个失败者的情绪牢笼,跳出了无意识对成功的追逐,回归本心。

从大理归来的王辣辣,更坚定地投入到女性赋能的事业中。她说,这是她即使现在有 10 个亿,也还会继续干的事情,这就是她这辈子想干的事情。坚定不移地做对的事情,对每个女性都有价值的事情,现在再没什么能干扰她的东西了。

女孩,你追逐的,是谁眼里的成功呢?

在父母眼中,一个女孩儿的成功大概是工作稳定、老公优秀、儿女双全和家庭和睦。

从创投圈进入社会的王辣辣,曾经也在很多年里,活在一套创投逻辑的成功标准下。她觉得自己的事业如果没有上市,就太失败了;如果自己的事业没有市值百亿,就不算成功;如果不成为企业家,就白活了。

成功没有定义,可幸福有,幸福的定义在每个人自己的心中。

最近两个月,王辣辣总说现在过的就是她理想的生活,虽然这是她此生以来最穷的日子,过着简朴的日子,还要继续还餐饮投资人的钱,世俗意义上的成功也还谈不上,但每一天都很幸福,每个当下都很美好。工作很喜欢,生活也很欢喜。

她说,每个女孩都可以掌握人生主动权。她还说,创业不一定通往成功,但一定通往自己。

希望通过这本书,王辣辣和她的女孩们,她们丰沛而真实的纯净灵魂,平凡却充满意义的生命状态,能被更多女孩看见。让不管身处哪个角落的人,觉得自己并不孤独;也激励更多女性保持人格独立、自由快乐,积累财富,追逐自己的人生意义,从而照亮更多人的世界。

第二章

听从内心的声音，做真实的自己

苏菲

人间清醒行动营创始人

国际认证营养师

扫码加好友

苏菲注重事实,讲究实际,相信努力总会达成目标;她内敛,而且善于深思,构筑融洽的人际关系对她来说是件轻松的事,容易使别人产生信任感;办事可靠,而且顾及他人,面面俱到;可以预知的结果能够给她安全感;她是个优秀的沟通者,通常以团队的形式做事。

女人，请先爱自己

在女人的一生中，什么最重要？

有人说，要有一份体面、安稳的工作；有人说，要嫁得好，有幸福的家庭，有疼自己的老公、听话的孩子；我说，女人最重要的是要爱自己！

我是苏菲，一个70后的爱旅居的独身女人。

说起独身女人，大家会有什么感觉？

以前，我说自己一个人的时候，总有人会投来怜悯的眼光，那意思是：选来选去，怎么把自己选剩下了？

可是，对于我来说，一个人、不结婚、不要孩子的生活，真的不要太爽，因为这是我的主动选择。就像有人选择结婚，有人选择丁克，而我选择自己一个人过，就只是一种生活方式而已，没有对错，没有好坏。

恣意自由，
寻找放飞的自我

我是浙江人，生在山东，在姥姥身边长到 4 岁后，被在青海工作的父母接到了身边照顾。父母因为我从小没有在他们身边，怕我跟他们不亲，所以就会刻意纵容我一些，这也为我后来随心随性的生活埋下了伏笔。

在青海的童年生活，恣意又自由。每每回想起那时的生活，总会想起自己在戈壁滩上奔跑的画面。回到浙江后，总是不习惯江南的秀气和人与人之间的那种小心翼翼，总琢磨着长大了要逃离，那年我十岁。

带着这种信念，到了考大学的那年，我毫不意外地落榜了，逃离家乡的念想从此就断了。直到 1995 年，我在朋友的帮助下，如愿以偿地去了厦门求学。

离开老家的我，就像被解开了封印一样，彻底放飞了。一边上学，一边打工，还一边徜徉在厦门老城区的大街小巷里，寻找生活的气息，以至于后来有一位老师说我比厦门人还了解厦门的小巷子。

自由的日子总是过得飞快，很快我就面临毕业后的就业问题。因为打工赚学费的原因，我接触了很多来自台湾地区及新加坡等东南亚国家的祭祖的返乡团队，从而认识了很多台商老板，所以我学业还没完成，就已经收到了很多企业的邀约。

家里也找了关系，帮我联系好了一份体制内的工作。家里人都觉得，进了体制就像进了保险箱，这是一个女孩最好的选择了。工作体面、稳定，再找个门当户对的男人，结婚生子。离父母近，大家也好有个照应，这样就再好不过了。

可是，一想到体制内的工作，我脑子里的画面就是：每天按时上班，穿着一成不变，循规蹈矩地工作，然后日复一日地生活。如果运气好，过几年可以提个级别。想到这里，我就一身的鸡皮疙瘩。

我曾经不止一次跟朋友说过，如果一个单位要穿制服，待遇再好，我也不去。后来，出乎所有人的意料，我既没有选择回家，进入体制内，也没有接受台商朋友们的邀请，进他们公司，更没有留在已经熟悉的厦门，而是选择只身北上，因为北京有很多好玩的胡同和更多的可能性。

从此，我开始了10多年的"北漂"生涯。

生活不易，
也要无条件地爱自己

对于我来说，居住环境是比天都要大的事，所以我没有选择跟别人合租，也没有去租地下室，而是租了一间没有厅的一居室，有独立的厕所和厨房。虽然租房子花了我不少的积蓄，但是能有一个安静的空间，我就很知足了。

"北漂"的日子有苦有乐。2004 年，我很幸运地在房价大涨之前，给自己买了人生的第一套房子。当时，很多人劝我，一个女孩买什么房子？找个有房子的嫁了，自然什么都有了，但是我觉得自己能给自己的，才是最踏实的。

2006 年，马上就要交房了，我却进了医院，因为患了阑尾炎。当天下午去挂急诊时，医生就建议我马上住院做手术，但是第二天有个重要的年会，我就挂了个吊瓶回家了。

凌晨 3 点，我实在疼得熬不住了，才拿上必需品，自己打车去了宣武医院。急诊室里还是昨天傍晚那个医生，他看到我的第一句话就是："你还是回来了？"

我说："我回来了。"

医生说:"手术?"

我回:"手术!"

然后医生给我开了个住院单,让我去找住院部办手续的护士。护士看了看我身后,问:"病人呢?"我说:"我就是。"护士很诧异,赶紧推了一张床,让我躺了上去。

还好,手术是可以由病人本人签字的。签完字后,我给当时在北京的一个最好的朋友打了个电话,告诉她我要进手术室了,让她一会儿来趟医院。

早上七点,我出了手术室,朋友也到了。我被推回病房,安顿好后,第一件事就是打电话知会公司和客户,把工作做了交代,然后请了个护工,再给远在浙江的妈妈打了个电话,跟她说自己最近要出差,不在家,让她有事打我手机。

那个病房里有6个病人,连着家属,齐刷刷地看着我。有人问我,你就自己啊?为什么不跟家里人说你住院了?

我说,告诉他们我生病了,我的病就好了吗?不是该疼还疼,该难受还难受,还得让家里人跟着担心,又无能为力,何必呢?

幸好我的身体底子好,手术又及时,手术后5天,我就出院了。后来,单位特别人性地给我早放假,让我回浙江过春节去了。回到家,父母才知道我手术住院的事,心疼了很久。但我觉得生病这个事,就是很私人的,谁也替代不了。

后来,有一次,《鲁豫有约》节目组想做一期关于30多岁的单身女性在北京打拼的专题节目,不知怎么联系到了我,问我这些年独自在北京打拼,有什么印象深刻的事？我想半天,也没觉得有什么出彩的事,就问手术住院这个事算不算？节目组的人一听,特别兴奋,说当然算了,问我当时有没有特别委屈,特别想有一个家？我说,没有啊,在我选择一个人生活的时候,我就知道自己会面临这些问题,而且我也确认了,为了自由,这些都是我可以承担的。

然后,节目组就没再找我。可能,对于节目组的人来说,他们期待一个有泪点的故事,让人看到独自生活的女性的脆弱和不容易;而我的想法是,一个人的生活虽然很不容易,但生活是自己选的,在你选择自由和无条件地爱自己时,当然要承担这个选择的另一面。一个人不可能什么都拥有,总是要有所取舍的。

结 束 语

因为选择一个人生活,有很多人说我自私,没有社会责任感。我首先是一个人,一个女人,我要选择的是爱自己。如果我连爱自己的能力都没有,那从何谈起爱家人、爱社会？

我很认同一句话:"没有能力的爱,就是讨好!"

我不想讨好任何人,也不想讨好这个世界,所以我选择先爱自己!

也正是因为这样,现在的我在迪拜创业10多年了,一边抱怨着迪拜的慢节奏和不靠谱,一边也享受这种简单和慢节奏的生活给我带来的闲适感;一边抱怨着迪拜夏季50摄氏度的高温,又一边享受每周末在海里畅游的快乐。

我不敢说对自己现在的生活100%满意,但这是我自己选择的生活,好的坏的我都接受。

做自己,接受自己的所有,这就是我爱自己的方式。

渲子

新商业女性生态CEO

心力教练

扫码加好友

渲子 BESTdisc 行为特征分析报告

SIC 型

1级　私人压力　行为风格差异等级

新商业女性 New Business Women

报告日期：2022年06月01日
测评用时：05分56秒（建议用时：8分钟）

BESTdisc曲线

自然状态下的渲子

工作场景中的渲子

渲子在压力下的行为变化

D-Dominance(掌控支配型)　I-Influence(社交影响型)　S-Steadiness(稳健支持型)　C-Compliance(谨慎分析型)

　　擅长人际交往的渲子能坦诚地表达个人的信念和情感，与他人保持良好的关系；她能营造出让别人愿意做到最好的氛围，或者轻松化解高度紧张的局势；天性温和有礼、真诚可靠，高度关注别人的情绪、需求和动机；她也能耐心地对待那些接收信息比较慢的人；她比较敏感，警觉性高，善于洞察和分析出现问题和麻烦的可能性。

活着

长大后,母亲告诉我:"你能来到这个世界上,是天意。"

当得知又是个女儿后,母亲曾三次尝试用抽取羊水的方式来结束我这个小生命,但都没有成功,每次抽取的都是血液,最终,母亲决定顺从天意,生下我这个女儿。

我就这样来到这个世界,带着懵懂与好奇。

虽然从小就觉得自己与众不同,但那时候的我还没有意识到每个孩子都是这么认为的,大抵每个孩子都是特别的。

因为特殊的身世和父母工作的原因,我不得不被寄养在舅舅名下,生活在外婆家。外婆很疼我,但天生的敏感让我懂得察言观色,用听话来更好地生存。

最放松的时刻是在自己的小世界里与自己对话,每天睡觉前进行各种稀奇古怪的幻想,然后带入睡梦中。最喜欢把自己想象成花仙子,有着香妃的美貌、上官婉儿的智慧,在《镜花缘》中各个神奇的国度里快意闯荡。

童年大抵还是快乐无忧的，我如今已过三十而立的年纪，回首这三十几年，有起有落。学生时代的一帆风顺，工作后的跌跌撞撞，探索生命意义后的平和笃定，我逐渐知道我为何会来到这个世间，为何活着！

一路顺遂，便生妄念

大概每个人的人生轨迹在一开始就已经设定好了，就像每个人都有自己的剧本，但怎么演绎是由每个人自己决定的。

小学四年级以前，我的学习成绩一般。四年级那年，刚好遇上小学由五年制改为六年制，我突然像脑袋开了光，居然通过了跳级考试，直接从四年级升到了六年级。

从此就如开了挂一般，成绩一路进入了上游水平。中考那年更是超常发挥，一举考入市里排名第二的重点高中。高三时，因为成绩优异，进入了火箭班，一个集齐了所有优秀师资的班级，最后，我顺理成章地考上了一本。

我压抑多年的本性被释放出来，在大学里参加各种社团和各种各样的比赛，还获得了各类奖学金和助学金，过得恣意而张扬。

认知的限制,让我生出狂妄之心,甚至一度认为这世界上没有自己做不到的事,甚至不需要付出努力,就可以得到自己想要的东西。

然而,命运的馈赠早已在暗中标记好了价格,无知终会付出代价!

考研失利后,我开始挣扎。是按照家里的安排,与男友结婚生子,安安稳稳地过一生?还是出去闯一闯?最后,我听从了内心的声音,在2012年,只身踏上了去深圳的征程。当时,除了妈妈,没有一个人支持我。

我找了一个电话销售的岗位,底薪1800元+提成,工作内容就是给各行各业的老板打电话,推销培训课程。让刚毕业的小女生去对话企业家,一开始的挫折与困难可想而知。然而,我已经没有退路了,只能迎难而上。

庆幸的是,培训公司提供了积极、正能量的环境,让我坚持了下来。前三个月,我一单业务都没有,每个月付完房租,剩下的生活费只够早晚吃馒头、中午吃稀饭,中间的苦只有自己知道。虽然苦,但我心中还存有成功的希望。

挺过了第一年,我迎来了爆发的第二年,我成交了公司当时最大的一单业务——维也纳酒店集团的228万元的项目。感恩我生命中的贵人楼总,她给了我很多机会,让我得以快速成长。

从此,我的人生开始有所不同,业绩越来越好,还认识了深圳越来越多产值 5000 万以上的企业的老板,他们的思想与格局深深地影响了我。我不再是从前那个青涩的小女孩,而是开始有了独立自主的人格和思想,也变得越来越自信。

几年的培训经历让我觉得不能再给别人打工,要出头就一定要自己创业。

明夷于飞,出自幽谷

我在罗伯特·清崎的著作《富爸爸穷爸爸》中,看到作者将人们的收入来源划分为四个象限。

第一象限:E 象限(打工者 employee),如工人、职员、公务员、教师、医生。收入来源是为他人工作而赚取的薪金。

第二象限:S 象限(有自己的买卖 self-employed),如商店老板、餐厅老板、私企老板、会计师、律师以及自由职业者和小生意人。收入来源是为自己工作而赚取的钱。

第三象限:B 象限(企业家或系统拥有者 business owner),拥有一个能够良好运转的企业系统,让别人为他们工作。收入来源是企业的收益,并且可持续。

第四象限:I 象限(投资者 investor),有 B 象限的基础和投资能力,能让钱发挥最大的效能,让钱为他们工作。收入来源是各种投资,用钱来产生更多的钱。

我不想停留在 E 象限里做打工族,想从在 S 象限里创业开始,但由于本金受限,所以先做了微商,后来还与家人一起开过奶粉店,都不尽如人意。

眼看现实与自己所想的相距甚远,我开始急功近利,企图走捷径,一脚踏入完全不了解的投资领域。我开始了各种折腾,失败再投资,投资再失败,就像进了一个怪圈,钱来得快,去得也很快。自己看不见的盲区,老天爷一定会通过重大事件让你看见。

我当时的收入还可以,又有很高的信用卡额度。我先后投资股权与 E 租宝,亏损高达百万元。为了弥补亏损,从 2015 年至今,我上过班、创过业、做过直销,幻想自己成功的样子。然而,直销商业模式的限制,也注定了只有小部分人能成功,我的目标愈发遥不可及。

2019 年,疫情更是加速了窘迫局面的出现,当时负债未清,城市静默,收入截断,我一直被催债。家人帮了我很多,所以我也一直愧对家人的信任,心理压力巨大。

身处武汉的我,亲身经历了那一场战役。我眼睁睁看着公公在第一天发烧至39.5摄氏度,第三天去世,第四天火化的过程。这期间,恐惧化为张牙舞爪的怪兽,躲在暗处伺机而动。每一个新消息都像在伸出爪牙,在我崩溃的边缘疯狂试探。

在所有人面前,我都是淡定的,只有我自己知道内心的绝望,无法面对现实,又不知如何挣脱。

我想过,就在此刻,这一切算了吧。

在四万英尺高空,最接近星星的时刻,

孤单陪着我流浪,昼夜颠簸着荒凉,

有些疼痛释怀不了,人就永远跪下。

我也想过,就在此刻,把一切全放下。

每天,听着中岛美嘉的《我曾想过一了百了》,我真想了却此生,逃避不如意的现实世界。

我特别理解这首歌下面10万多条评论里,那些曾经想要一了百了的人,其中不乏正处于青春年华的少男少女,他们痛苦,又无法自拔,唯有在中岛美嘉的歌声中才能得到慰藉。

然而,我的内心始终有对生的渴望。作为母亲,我必须坚强,守护自己的孩子。人生兜兜转转,只要留有希望,失去的总会以另一种方式给予回馈。

长风破浪会有时，
直挂云帆济沧海

一个人不可能一直处于低谷，到了谷底后，再走的就是上坡路。

正当我还在挣扎的时候，我接触了一个互联网项目——推广APP。怀揣着要改变的决心，我开始组建团队，只花了半年时间，就完成了5万人的团队组建。后来，我又接了新的推广项目，终于有了点不依赖传统工作的收入。

这让我有余力思考：一场疫情，公公所有的东西都被焚烧，仿佛所有痕迹都被抹去了。人来世间一遭，到底是为了什么？难道只是为了传宗接代，生几个孩子，留下自己的基因？如果只是传宗接代，那为何我已不知祖宗的名字，却知孔孟先圣。还是为了及时享乐，不让自己留下遗憾？如果只是为了享乐，那为何只知享乐的人已消失在滚滚洪流中，甚至纣王、妲己之流还国破人亡？

所以，人生的意义到底是什么？

很多人说这不是无病呻吟吗？要谈意义，谈喜欢，不先得活着吗？没错，先做自己应该做的事，承担应该承担的责任，再做自己喜欢的事。

然而,探索并拥抱自我的道路,永远不该止步。

可能是由于幸运,也可能是福报,我的朋友推荐了"新商业女性"给我。我看到了非常多比我的经历更坎坷的人,她们团结起来,一起去穿越这段黑暗时光,实现认知的升级和圈层的跨越。

人生的黑暗路还是要自己走,可是路的两边会有很多小星星照亮我们,每个个体不再孤独地前行。

我通过"新商业女性"看到了已经处于顶端圈层的人,才发现自己原来还可以为正在底层挣扎的人照亮一条路,从而实现自我价值。处于底层的人,亦可以从黑暗中摸索着走出来。这是一种双向的救赎,实现它很难,但我知道,一直有人在默默负重前行。

回想起小时候,我的梦想是当一名作家。至于为什么,我从来没想过,也不懂。经历多了以后,梦想被搁浅,自己都开始觉得自己自不量力。

几经探索,我重新确认了自己的梦想,而且非常确定我就是要做一名作家。能否实现暂且不考虑,至少因为我的确定,它拥有了实现的可能性!

从古至今,影响最深的便是文化,便是思想,便是书籍。那些百年世家、累世财团,皆有自己的传家家书和经世准则。

如果真的想要拥有人生的意义,留下思想也许比财富更重要、更直接,于是,我开始写日记,用这种与自己对话的方式记录思想;我开始认识更多人,见识更多的人生版本;我开始去各地旅行,看山河壮阔、四季变换,领略不同的风土人情。就像王小波在《爱你就像爱生命》里写的那样:"我希望我的'自我'永远'滋滋'地响,翻腾不休,就像火炭上的一滴糖。"

邢利苹

国际认证西塔疗愈师

新商业女性人格IP精神领袖

中文出海战略推动者—中文大使核心成员

扫码加好友

邢利苹是勇于挑战、当机立断,能客观、冷静地分析,具有主动开拓精神的个体,她给人的印象是敏感机灵、反应迅速、有创新能力。遇到问题,她可能会不断地调查事实,而且会寻求所有可能的备选方案去解决。在集中精力处理项目时,灵敏而有远见,她因此被认为有相当强的洞察力。她善于分析评估情境,也能客观地提出解决方案。

活出自己，一切都将迎刃而解

不知道你是否有过这样的时刻：

表面看似什么都不缺，内在却有一个巨大的空洞等着去填补；

在不知不觉中，承担了许多本不该你承担的责任，没人感谢，反倒要承受更多的抱怨、指责；

经常像一个孩子般委屈大哭、泪流成河，而对方却认为，你老是没事找事，嫌你"作"；

……

如果有，希望我的故事可以给你一点启发。

小小的心灵承受了厚望

因为超生,我 3 岁时就被送到姥姥家躲避计划生育,爸爸只能夜里偷偷去看我。我经常在睡得迷迷糊糊时,被姥姥喊醒:"利苹,看看谁来看你了!"我睁开眼,坐了起来,看到东屋中间,爸爸坐在一个凳子上,抽着烟,看着我。

后来,我就一直重复做一个梦:家人不要我了,要把我卖掉,那些人手里还拿着秤,我就到处躲避他们的追捕……醒来时发现,枕头都被眼泪浸湿了。

除夕夜,是家家户户团聚的日子。从 5 岁开始,我就给他偷包子——我喊他"全爷"。他家里儿媳妇不孝顺,平时还给口吃的,过年一忙就不管他了。别人家忙着蒸包子、放鞭炮,他饿了一天肚子,只能在家哀号……

村里人好像都习惯了,也不想惹那麻烦,但我看不下去。于是,趁着夜黑,我就偷偷拿着家里的包子,紧张兮兮地一路小跑到他的小屋前,塞到他手里,悄声说:"全爷,吃包子。"

他接过包子,对我说一句:"谢谢你,妞!"他不哭了,夜空里还有鞭炮声。这一偷就是好多年,直到他去世。

9岁时,爸爸妈妈吵架,爸爸搬到另一个小屋子去睡,俩人好多天不说话。奶奶看着担心、着急,就悄悄跟我商量,让我劝劝妈妈,让爸爸回去睡,说外面太冷了,每天夜里冻得把衣服都盖身上了。我听完既觉沉重,又有成就感,好像一个孩子真的可以去解决大人们棘手的问题。

工作后,每次面对领导安排的任务时,哪怕再小的事,我都会觉得有一股压迫感扑面而来,紧张中混杂着激动,心里揪着,肩背上也感觉沉甸甸的。我才意识到,原来这种感觉从我9岁那年被寄予厚望去解决父母的矛盾时,就已经开始产生了,从此演化为自己的行为模式。

还记得我12岁时的某一天,妈妈穿上一件她改过的旧衣服,在镜子前来回转着身,问我:"好看不?"当时不知道是出于叛逆的心理,还是真的认为不好看,心里很烦躁,所以没给她好脸色。现在回想起来,很是愧疚。

我们总以为妈妈只是妈妈,从没想过她也是个女人,也有过青春年少,也会爱美、有内心的追求。小时候,总觉得妈妈性格强势,等到我现在也变成了强势的女人,才体会到这一切背后隐藏的那些不安与苦楚。一个生活在富足条件下的女人不必强势,因为她知道一切都会在那里;而在物质匮乏环境中日复一日打磨过来的女人,会习惯紧绷着身心,去守护自己在乎的一切。

一个灵动、美好的女孩,最终成为一个脾气暴躁的强势女人,究竟又是谁的错呢？她想要的，或许就只是身边人的一句欣赏、一个肯定，而我们却始终没有去给予过。

困惑的人生，疯狂奔跑

18岁高考完的那个暑假，我每天晚上就窝在老家东屋的里间里，支起耳朵听广播里被录取考生的准考证号和姓名。每过一天，我心里就揪紧一分。

直到有一天晚上，广播里终于念出我的名字和录取院校时，我心里的那块大石头瞬间落了地。第二天就背上药壶下地，给家里种的棉花打农药，直到开学报到。那时，我感觉生活有了全新的希望，每天都有使不完的力气。

大学四年，我投入自己的热情，泡图书馆看哲学书、参加各种社团活动、竞选班干部、加入系足球队、入党，当然还用心谈恋爱，但这一切并没有解决我的人生困惑，我依然找不到自己接下来要努力的方向。

爸爸说，上了大学就应该什么都懂，我成了全家的骄傲和希望，可是只有我自己清楚，从一个小村子里来到省会城市，就像把一个孩子空降在了一片荒原上,我像一个拓荒者,没有向导、没有工具、没有路标,虽然奋力拼杀,但除了满腔热情,一无所有。

22岁时,我大学毕业,当时正是分配改革头一年,国家不再包分配。我的专业"货币银行"对口的单位就是银行、保险公司和信托期货机构。听老师说,银行就是把3年的工作重复做30年,我一听就对那种一眼望到头的日子没了兴趣。

加上本来也没什么资源、背景,正好有了理由去做有创造性的工作,于是,就进了一家新成立的公司。但是,这家公司最终因为一个路桥工程,彻底失败。

24岁时,我和男友买下人生第一套房子。每个月800元的按揭贷款,对于当时的我们来说,压力真的很大,还完贷款后,手里几乎没有钱。记得有一个月我只吃包子,因为花两块钱就可以吃到四个包子,还有免费的稀饭。

那段时间,俩人最喜欢做的事,就是跑到工地上去看盖楼。每次去看,都跟上次不一样。那一套房子,似乎寄托了我们对生活所有的向往。

两年后,我们结婚了。没有拍婚纱照,过后也不记得结婚纪念日是哪一天。我一直觉得自己是一个重实质、不重形式的人,只想追求那种心心相印、灵魂契合的婚姻。

但后来发现,仪式感,其实也是认真生活的一种表现。许多时候,内在情感都需要外在仪式的表达,圆满、喜悦的状态,内外同样是俱足的。

强装的镇定，
掩盖不了内心的动荡

29岁，女儿出生，此后我的生活一天天变得更狭窄，心情也越来越抑郁。我开始认识到这并不是自己想要的生活，于是，我把不满三岁的女儿送进了幼儿园，重新出来工作，在一家建筑工程公司做行政管理。

因为招投标要经常出差，没办法照顾好女儿。有一次，我梦见幼儿园里只剩女儿一人，在空荡荡的教室里大哭，我猛然惊醒坐起，那一刻心口疼得厉害，再难入睡。

我终于还是无法面对这种撕扯，又回归家庭照顾孩子。

36岁时，儿子出生。满月酒上，我儿女双全，老公体贴，自己也是容光焕发、满心欢喜，是所有人羡慕的对象。可也正是那个酒席，让我发现了亲密关系里痛苦的真相，一切好像都在倒塌。

我感到了极度的不安全感，随时都在承受着被遗弃的恐惧。如果说以往是困惑，那么这时候就是混乱、怀疑、自卑，却又异常愤怒。

为了这个家，我一直努力去接受，却总是做不到。我在又卑又亢的旋涡里挣扎了许久,却始终挣脱不了。我知道,如果不能成长,我会陷在其中,直到把自己的心力消耗殆尽。

于是,我学习了各种方法:儒学、道家、佛法、做义工、去寺院,践行传统文化,甚至了解易经、学中医、学心理学,但学了原理和方向,却始终找不到落脚点,得不到自己想要的结果。

这是一段很割裂的日子。从外看,我放着好日子不过,很"作";从内看,我却是在拼命委曲求全,泪流成河。这个过程让自己崩溃,也让身边的人觉得不可理喻,我的婚姻最终还是没能保住。我常常觉得对不起孩子,毁了他们的家,几次抱着他们的衣服,独自一人大哭。内心好像有一个巨大的黑洞,随时要把自己吞噬,我真的太害怕了。

我时常表面强装镇定,内心极度不安,整个世界都在动荡。我懂得许多道理,却始终过不好这一生。我经常痛苦不堪,搞不懂为什么明明一段只有几步的路程,别人可以轻松抵达,而我却走得那么步履沉重。

只是人生再无退路,我只能在一次次的逃离后,又一次次去正视。

自我的内核，
不畏惧万丈深渊

这个世间自然是有成功富足、喜悦幸福而又五伦圆满的人，我和他们的区别在哪里？大家都在追求幸福，何以对方自在喜悦，如珠宝般闪闪发光，而我却只能悲伤沉重、背负一身伤痕？

随着接触的人越来越多，我也越来越发现，当我每天都活得身着铠甲、如临大敌时，那些强者的内心其实都是放松的。

为什么？因为他们的内心是笃定的、完整的，而我却是地壳在碰撞，火山在喷发，发生了沧海桑田的剧变，所以别人闲庭信步，我却四处奔突。眼前看似只有几步之遥，别人在不经意间即可迈过去，我却要翻山越岭、跋山涉海。

于我，那几步看似近在眼前，实则远在天边，眼睁睁看着对岸的美景，却止步于眼前的万丈悬崖。

一次偶然的机会，我来到"新商业女性"，每天听到最多的就是"你要活出你自己"，"你就是那个1，其他的一切都是0"，"活出自己，照亮他人"。

我相信每个女孩都愿意去奉献，去照亮这个人间，但奉献的背后往往是牺牲。她们一心想去爱他人,却唯独忘记了爱自身,所以活出自己,才是根本。可是,怎么才能活出自己呢?

2022年7月15日,我只身从郑州来到大理,参加了"新商业女性"四天三夜的IP领袖闭门会密训。

在四面环翠、曲径通幽处,一个两层的亭子里,大家围圈席地坐在木地板上,山间清风徐徐吹来。

一个叫"蚯蚓"的90后广西女孩,讲述了她在祖国与越南交界地的传奇经商历程。随着她一步步深入的讲解,我发现自己内在版图中那一块明显的缺失部分,竟然被她迅速填充!

我从小对经商一无所知,家里人灌输的理念也是"无奸不商",长大后就对这一块始终觉得拧巴,既有实际生活中的需要,又有理念上的束缚,在各方观点的混合影响下,结果就是一碰到这个领域就头疼、发怵、抗拒,却又被吸引。

我清楚自己的长处,也绕不开这眼前的短处,于是自己时常就像在南北两极间跳跃,极端而又对立,结果就是让自己又卑又亢。

"蚯蚓"真诚的分享,让我像深入地球的原点,来到了另一个世界。她那强悍的内驱力和天才般的经商能力,让我生出的不是羡慕、嫉妒、恨,而是开心和喜悦,还有对她深深的祝福。

我可以触摸到她的灵魂,又能放心地通过她的牵引,被引领到对面那个领域,无论是从认知,还是情感,我内在那个版图都归于合一、重新完整。

那一刻,我知道自己以后的日子,将不用再山一程、水一程去跋涉,不用再畏惧被深渊吞噬,我眼前开始变成一片辽阔、平坦的大陆,坚实而稳定。

你在那里,我就可以直接过去见你。原来这就是自我的内核,就是那个1,温暖而笃定!

结 束 语

多少人不敢正视自己,不敢接受他人。明知是虚幻的,也依然紧抓不放,只是因为,在未收获"真"的之前,放手"假"的,就会觉得一无所有,会坠入黑洞,不断跌落,那是无尽的恐惧、绝望与孤独,硬砍下去,会死人的!所以不能怪他们。

而今天,我终于在多年风雨飘零奔波后,来到一片芳草地!我不再害怕外界的看法,开始生发出真正的力量,我不再害怕失去。这是一片蓝天白云下水草丰美的土地,一路动荡不安后,终于来到这里。安宁,轻快,接纳,允许,真的很美。

或许你一直善良,却一路被伤害;或许你一直在付出,却一直没有得到想要的结果;或许你四处拼杀,却总是铩羽而归……

亲爱的,我想告诉你,这不是你的错,也不是世界的错。待我们都明了自己这一世种种的人生课题,找到想要达到的目标,那么,目之所及,都将成为你的资源。

你会看到这个世界上存在的一切,不是为了来加害我们,而是等待着我们把它们变得更美丽。

所以,做好自己,活出自己,一切都将迎刃而解。你是一切的主宰,一切由你来创造。

品家

美好生活方式践行者
资深保险经纪人
人脉银行发起人

扫码加好友

品家 BESTdisc 行为特征分析报告
ISD 型
0级 无压力 行为风格差异等级

新商业女性 New Business Women
报告日期：2022年06月08日
测评用时：10分10秒（建议用时：8分钟）

BESTdisc曲线

自然状态下的品家　　　工作场景中的品家　　　品家在压力下的行为变化

D-Dominance(掌控支配型)　I-Influence(社交影响型)　S-Steadiness(稳健支持型)　C-Compliance(谨慎分析型)

  品家提倡协作，有团队和合作精神，富有同理心，非常擅长换位思考，经常替人着想，细心周到；在人际互动中，她总能影响和说服别人；面对挑战时，她能做出有创意的回应来协助别人缓解压力，让人感到轻松；她还比较健谈，热情开放，积极主动；同时，她富有想象力，认为生活中充满了各种可能性，因此会不断在变化中求发展，寻求并带来更好且创新的解决方案。

我走在一条不同的街道上

我是一个把自己活成"北漂"的北京姑娘,一个一路拼搏的姑娘。我的人生故事,也是一段自我疗愈的旅程。

为成绩而拼的我,因为身体而疗愈

我出生于北京妇产医院,父母都是优秀的知识分子。因为父亲的原因,我们全家搬去了三大火炉之一的武汉,我成了大院里的孩子。

小时候的我,考试总是名列前茅,而且长得乖巧,所以很多老师都非常喜欢我,但我总是不开心,因为身边一直有一个在考试成绩上无法超越的同学:参加数学竞赛,我是全校第二;参加英语竞赛,我是全区第二。我很不服气,暗下决心,必须在某一个项目上超越他。

终于有一天,我超越了!那是一次短跑比赛,瘦小的我冲劲儿十足,拼尽全力冲在了最前面!但是,我突然疼得站不起来了,因为我骨裂了。

那段时间,妈妈非常痛苦,没想到自己的女儿会得这样一种怪病。不幸中的小幸运是她就在骨科工作,因此我得到了不错的照顾。

经过一番会诊,原来我得了一种百万分之一的人才会得的病,叫骨纤维异样增殖症。为此,我只能在家休养,天天喝中药,还有了一条"坏腿",仿佛自己变成了有缺陷的孩子。妈妈不断警告我,一定不能摔跤,不能做剧烈运动,否则就要动手术了。她还禁止我把病情告诉任何人,仿佛这是一种见不得人的疾病。

从此,我更觉得自己不如别人,发誓必须要通过更优异的成绩来证明自己。于是,我更加努力地学习,因此也取得了不错的成绩,让我觉得骄傲。

就在中考前半个月,没想到我遭遇了车祸,这次非常严重,直接骨折。会诊结果出来了,必须及时动手术,换骨,避免再次发生类似的事情。手术很成功,但因为在股骨上段,石膏从脚齐胸打着,几乎无法动弹。

那段时间,我听得最多的就是父母的互相指责,看得最多的也是他们的争执,而我,越来越觉得自己不好。

于是,当家人、老师甚至校长来劝我的时候,固执的我又做了一个决定:这一次,我也要像小学的时候那样,绝不掉队,我舍不得这个集体。

可是,我打着石膏,怎么参加考试?因为我的坚持,学校单独开了一间教室,我打着石膏,躺在教室里,参加了中考。

分数出来的那天,我松了口气,因为我考了全校第三!我扬眉吐气了一把,我的事情传遍了学校,我也成了大家心目中的偶像。就这样,我在学校度过了闪闪发光的高中三年。

为荣誉而拼的我,
因为成长而疗愈

高考倒计时一年的时候,妈妈做了一个决定:无论如何,我们必须回北京。

这个决定的代价是什么?

北京没有接收单位,妈妈只能申请提前退休,这导致她现在的退休金比同时期的人少了三分之一。不仅如此，回到北京的时候，她得自己想办法找工作。

父亲也得放弃科学院的工作。当时，父亲的工作正干得有声有色，科学院不愿意放，只能裸辞，所以，我们回北京没法解决户口问题。

这意味着，我必须这一年考回北京。要知道，从武汉考回北京的分数线是很高的，我的压力也瞬间上来了。最重要的是，我非常舍不得身边的同学和朋友们。

为了这个决定，我们一家人都不好过，尤其是我的父亲。作为一个男人，回到北京后，事业一落千丈不说，连自己爱人和孩子的户口都解决不了。可妈妈非常坚决，她就想着我们赶紧回到北京，那样我未来会得到更多亲人的照顾。她一直担心我的身体，认为再晚就很难回北京了。

那段时间是我非常痛苦也不愿意回想的日子。父母为此天天争吵，但我的父亲最终拗不过我母亲的坚持，加上也考虑到我的未来，最终答应了。我也没有选择地填报了北京的三所学校。

参加高考对我来说就像上刑场。我既希望考不好，这样可以留在武汉，又希望拿到好成绩，给父母一个交代。就这样，在纠结中，我参加了考试。

虽然发挥得很不好，第一场考试的时候，我看到自己的手都是抖的，但也勉强过了分数线，于是，我们举家搬回了北京。

因为离开北京多年，它已经成了我的第二故乡。刚回来的我，各种不适应，甚至有段时间特别讨厌北京。

虽然我被北方交通大学（现北京交通大学）录取了，但我是以大专生身份入学的。为了能够扬眉吐气，为了将来留在北京拿到户口，入学前两年，我拼命学习，争取专科升本科，但更重要的是，为了不让父亲操心，不让母亲担心。

那时候的我，眼里只有学习，什么都不顾，在同学眼里，我就是一个"学习的牲口"。经过不懈努力，我年年拿班级第一，获得学校一等奖学金，并且凭借自己的实力，换来了一个宝贵的专升本机会，最终顺利完成了学业。

我不太愿意提及我的大学生活，因为这四年我都是痛苦的、自卑的，最重要的是，父母因为我放弃了他们的事业，我必须在我的事业上有所成就，才对得起他们的一番苦心。

带着这样的痛苦和自卑，我迈进了职场。

因为一直两耳不闻窗外事，且不善交际，我在第一份工作中就极其不适应。一开始是站柜台，后来因为我的物流学业背景，我被调到仓库做管理。

因为没有经验，完全谈不上什么管理，其实就是个仓库管理员。工作了一段时间，我越发觉得这样根本没有前途，所以我就想着离开，去找更适合我的地方。

后来经过层层面试筛选，我以100选3的概率加入了当时特别有名的恒基伟业(销售商务通的公司)。能加入这家年轻、上进的公司,别提当时我有多开心了。

作为客服人员,我不断锻炼自己的服务能力。可没想到的是,公司很好,但我所在的部门是公司最不受重视的部门。终于,我们部门的负责人离开了。

他的离开对我影响很大。他说,人最重要的就是要发挥自己的价值。那一刻,我也决定要找一个更有价值的岗位。可是我刚毕业没多久,履历又不好,也没有任何关系,可供我挑选的好工作寥寥无几。

我太不甘心了,想继续深造。于是,我决定跟父母好好谈谈。妈妈跟我说:"这是我最后一次支持你了,爸妈已经尽力了,以后都要靠你自己,才能在北京真正落脚。"当时我特别难过,觉得自己很没用,毕业几年,不仅没有独立赚到钱,还让父母操心。

幸运的是,我被对外经贸大学的中法合作的 MBA 项目录取了。这个项目的成本不高,在读期间不用出国,但是毕业后又有出国实习的机会,而且 MBA 在当时可是一个非常有前途的专业。

但是这个项目对我来说,真的是一个非常大的挑战。法国各大高等商学院的教授们直接飞来北京,用法语讲授专业课程,这意味着我只有一年的时间来学习法语专业要用四年来学习的内容,才能达到听懂的程度。

作为理科生的我,这一年的语言学习太痛苦了。不同于英语的语法简单又有规律,法语的很多语法是没有什么逻辑的,加上单词分阴阳性,所以唯一的办法就是死记硬背。

那时候,感觉天天都在生吞活虾,直接住在学校,不分日夜地学习。心里暗暗较劲,我必须得拿出点成绩,只有这样,未来才有出路。功夫不负有心人,第一年的语言学习获得了很好的成绩,我和小组同学们撰写的巴黎欧莱雅集团的营销策略也得到了导师的好评和认可。

万万没想到的是,正当我准备申请毕业实习的时候,家里传来消息:父亲得了癌症。我的世界一下子崩塌了。我只好放弃了实习申请,和妈妈一起照顾父亲。因为家里没有太多收入,我决定马上找份工作,贴补家用。

差不多一年时间,父亲经历了各种病痛的折磨,还是离开了。还没看到我成家和立业,遗憾地离开了。临走前,父亲叮嘱我一定要让妈妈幸福。

为了不让妈妈陷入更大的痛苦,我给她找了一份连锁加盟的工作。虽然我以管理培训生的身份进入了一家外企,但工作依旧没什么起色。

于是我换到一家知名的日企公司,进入了市场部门。从此,我开始跟专家们打交道,工作能力迅速提升,也越来越独立。这段日子也是我过得最开心的几年。

为婚姻而拼的我，
因为放手而疗愈

看着我工作一天天稳定，妈妈打心底里非常高兴，但看着我一天天忙碌，还经常出差，又非常心疼我，催促我该想想自己的婚事了。随着身边朋友们相继走入婚姻殿堂，我也开始心里发慌，于是，我开始相亲，但都不满意。

就在我快要放弃的时候，我遇到了他。在大家的催促下，我们很快结婚了。没想到，结婚当天，我就差点想放弃，因为他在登记处跟人吵了一架。他说是因为太在意我了，因此非常紧张。我想也没有退路了，所以就闭眼往前走吧，只要他爱我，未来还有什么可担心的。

万万没想到的是，婚后，我经常处在处处都是炸弹的生活里，不知道什么时候，导火索就被点燃了。为了维系这段婚姻，我不断退让，不断压抑自己，直到有一天，我终于忍不住了，我决定离婚。但是，他却一直拖着不想办手续，我毅然决然地放弃房产，他终于答应了。

在那几年的婚姻生活里，我实在太痛苦了，对生活和周边的人产生了极大的怀疑和不安全感；因为不断被否定和自我否定，我患上了抑郁症。回国后，我在妈妈的陪伴下，恢复了一些，但内心的伤痛只有自己知道。

有一天，我忽然醒过来，想救自己。

我在网上了解到心理咨询这个职业，参加了培训学习，同时通过了国家二级心理咨询师认证。我如饥似渴地参加各种不同的课程，从萨提亚到呼吸疗法，用各种方式进行自我探索，探索身边发生的一切对我产生的影响，以及如何面对我的未来。

慢慢地，我的内心打开了不少，我开始走出阴霾，决定重新走入社会。

为工作而拼的我，因为坚持而疗愈

我开始大量投简历，找工作。几轮面试下来，发现很多 HR 担心我高不成低不就，加上我的婚姻状况，找起来并不容易。我最终确定了一份工作，可惜没多久，老板因为资金链断裂，连我们的工资都发不出来了。我第一次看到了资金链断裂对企业、陷入债务的老板家庭的影响,以及对打工者的影响。

于是,我继续寻找新的机会。忽然有一天,有人打电话通知我面试,是一家健康管理创业公司。我面试的时候才发现,原来这家创业公司的创始人居然是前东家一位非常优秀的前辈,于是我们不谋而合,由我来负责大项目跟进和销售的工作。

创业的路很辛苦,我们没日没夜地工作,经常加班到深夜。不久,经过大家的努力,我们摸索出一套独特的经营方式,经过落地实践和不断复制推广,业绩开始渐渐有了起色。

可就在这时,创始人提出给我的销售团队减少分红,我顿时很崩溃。这些都是一直跟着我打拼的人,怎么能在这个时候开始克扣他们呢?我发现根本没有能力去保护团队,那种无力感和无价值感又出来了,于是我头也不回地离开了那里。

接下来怎么办?我的人生不能就这样停下来了。我想到之前在工作中结识的一位优秀的保险代理人,她说卖保险也是一种创业方式,而且是一种特别有价值、有爱的方式。于是,我联系她并加入了这家外资保险公司。

让我意外的是,这家公司不打鸡血,也没有看到传说中保险公司的大妈们或低学历打工者,全是外企或者有高学历背景的积极、热情的小伙伴,很快,我喜欢上了这里。

经过一个月的学习,我顺利地拿到了通行证,开启了卖保险的生涯。可让我没想到的是,我在家人、同学甚至朋友面前,得到的全是不理解和不支持,甚至不允许我和他们提保险两个字。那时候,刚刚恢复自信的我,为此又掉入了自卑的陷阱里。我不断问自己,为什么有不少伙伴分享的都是所得到的支持与鼓励,而我遭遇的都是不理解甚至拒绝呢?

沉静下来,我发现我的初心还在,所以决定继续走下去。我按照公司的要求,每天至少见两个朋友。老天还是眷顾我的,我就这样活了下来。可是没多久,身边的朋友已经见完了,我要开始按照公司教授的方法去认识新朋友,去参加各种各样的活动。在这个过程中,我开始慢慢打开自己,认识了不少新朋友,甚至接触到了一些商业思维课程。

为财富而拼的我,因为踏实而疗愈

我的保险业务一直没什么起色,甚至停滞不前。我不太愿意去公司了,因为天天谈的都是人生的风险啊、意外啊,我真的觉得很不舒服,难道人生只有灰暗了吗?可我想寻找的是幸福、美好的人生啊!

直到有一天,我看了《富爸爸穷爸爸》,接触了现金流游戏,我开始对投资理财产生了浓厚的兴趣。很快,我接触到了股票,然后兴奋地跟着一帮朋友到广州、深圳去学习,甚至操盘股票。

我疯狂地学习,不断地尝试,全天差不多有10小时以上都泡在股票里了。渐渐地,我炒股有了起色,而且很快赚到了第一桶金。在这样的场域里,我接触了很多来二级市场找机会和逐利的人,又接触了一些新的项目和商业机会。我兴奋得不行,也参与了和我的专业相近的供应链金融,我觉得我的人生从此起飞了。

没想到,不到一年时间,股市发生了反转,不断地大跌,我辛辛苦苦赚到的钱又都赔了进去。我不甘心,不断地尝试新的方式,从价值投资走向了短线操盘,甚至尝试借助软件工具来炒股,到最后,试图通过学习外汇交易来填补交易失败的窟窿。

但一次次的失败,印证了我的无知与贪婪。我把自己变成了一个赌徒,真的太可怕了。这是我第一次面对金融市场的腥风血雨,把自己搞得遍体鳞伤。

随之而来的是,之前参与的供应链金融被大家发现是一起金融骗局,真是屋漏偏逢连夜雨。我当初被创始人想整合民族资本的美好梦想所打动,以为自己遇到了人生的新机会,原来是被精美包装过的毒药。

现在回想起来,盲目自信也好,简单相信也罢,其实那些经历都是因为一个贪字,希望自己快速拿到结果的贪,希望通过成功来证明自己价值的贪。

我带着巨大的委屈和自责回到北京,瞒着妈妈,独自走上了一段反诈骗之路,但最终还是一无所获,而且被自己人设了圈套。我还是不甘心,不断地尝试新的项目,想把钱赚回来。因为心力不够,初心不对,我遇到的项目要么本身有问题,要么团队和人有问题。

再有顽强生命力的我,在那一年年底,还是病倒了,我差点住进了肿瘤医院。万幸,肿瘤医院没有收我。老天如此眷顾我,我决定不能放弃我自己。

于是,我又再次出发。

这一次,我又来到了身心灵的课堂。富足课,让我不再限制自己,尤其是毛里求斯的高阶课,让我更加敞开自己;墨西哥的格西老师静修营,让我更加懂得尊重和谦卑,懂得一切都是自己种下的种子;而在印度一个月的瑜伽生活,让我看到了意识对人的身体乃至行为的影响,让我学习活在当下。

这一次,我决不能再犯错,要找一份踏踏实实的事业,一份可以通过不断努力、刻意练习、精进自己、最终拿到成果,甚至可以一辈子拿成果的事业。

我又回头想到了保险行业。这一次,我接触到了一家非常特别,可以说是独一无二的保险经纪平台。从我接触它的第一天起,职场负责人对金融领悟的广度和深度就深深吸引了我,这不就是我一直寻找的机会吗？

我开始考察这个保险经纪平台，从行业趋势、市场定位到基本法，每次当我越多了解这个平台，每次我的惊喜就多一点。在反复考察平台之后，我决定加入养老规划和财富管理这一保险事业，不忘初心，努力前行。

这一次，我又拼了。凭借身边朋友们的信任与支持，凭借公司的优质培训，我很快拿到了保险界的最高荣誉 MDRT，并且连续多年获此殊荣。真的是太幸运了，没想到自己居然这么快拿到了成果，一个曾经梦寐以求、想都不敢想的结果。

原来，只要初心对，方法对，有行动，成果自然就来了。

为结果而拼的我，因为真实而疗愈

我的母亲非常开心，再也不反对我做保险事业，反而经常鼓励我，并想着怎么帮我介绍身边的亲人和朋友。接下来，我就开始了自己保险生涯的升级打怪之路。

平台讲究刻意练习，我就刻意练习；有人说我销售感不强，我就调整节奏;有人说我表达力弱,我就练习表达;有人说我没有销售逻辑,我就打磨销售逻辑;还有人说我没有销售风格,我就想我应该有什么样的销售风格呀?

于是,我开始不断地看别人是什么风格,将别人的成功经验,一股脑全套在我的身上,完全忘了自己。这就像我们学习唱歌,初期的时候是需要不断跟着原唱学习音调和节奏的,随着模仿得越来越熟练,我们就可以自由发挥,甚至唱出自己的风格了。销售也是一样的,也是一个从不熟悉到熟悉的过程。

慢慢地,我忽然发现我变成了一台复读机,只要按下"养老"和"保险"的按键,我的内容就哗哗地出来了,没有听过的人一定会惊讶于我对养老的了如指掌和对保险的专业性,我却渐渐觉得自己越来越不像自己。确实,我把自己活成了一个工具人,我迷失了自己。因为这样的迷失,我开始质疑我的成交,我开始停滞不前。

可是我无法放弃我好不容易获得的荣誉,我就拼命地学习各种课程,通过不同的话题来和客户建立联系和互动,但我发现这些都停留在术的层面,我差点忘了我的初心。

我的初心就是保险的初心,就是那个爱与责任,那个希望中国没有贫穷老人的初心,希望帮助企业家更好地管理资产的初心。找回初心的那一刻,我坦然了。每当我迷茫的时候,我就问问自己,我的初心是什么。

一个偶然的机会,我在朋友圈里刷到了晴子的直播间,她温柔的声音、坚定的眼神让我一下子入了迷,她的状态让我羡慕不已。原来她是身心灵的教练啊!接下来的几天,有连续几场直播,仿佛在不断地召唤我,召唤我找回真实的内心。我再次回到了久违的身心灵的课堂上,又一次疗愈和放飞着自己。

原来她们还有一个更大的社群,这里面有各种各样不同的女孩子,有完全不同的人格特质,来自不同的地方,从事不同的职业,但,她们又有共同的特征——都非常美好,非常善良,都对精神方面有更多的渴求。

这里还有一群引领者,其中最具影响力的是社群的创始人王辣辣,社群的名字叫"新商业女性"。

这个社群太美好了,让我放下一切去追随,在晴子的心动课结束以后,我继续参加了IP网红营。在网红营里,我看到了王辣辣和盖盖,看到了张扬大哥、小小白和效效,都是那么的独特,又是那么的美好。看到了她们在眼中、在心里,把每一个来到她们身边的女孩子都捧在手心里,希望通过她们的力量影响这些女孩子,让她们活出真实的自己。

我实在太感动了,我决定要加入她们,我要和她们在一起,感受这美好的生活。我也想和她们一起,成为战友,用自己的力量去影响更多还在痛苦里挣扎,但希望勇敢地活出真实的自己的女孩。此刻,我正不断努力着。

结 束 语

这就是我的人生上半场。百岁人生,我只相信我的未来会更加美好。希望我的经历带给正在低谷里的你一些力量、黑暗中的你一丝光明。

最后,送上来自维吉尼亚·萨提亚的一首小诗:

《我走在一条街道上》

第一次

我走在一条街道上

在人行道上有个很深的坑

我掉了进去。

我失去了方向,我无能为力

这不是我的错

我花了很久才爬了出来。

第二次

我走在同样的街道上

在人行道上有个很深的坑

我假装没有看见

我又掉了进去

我简直不敢相信我又回到了原地。

但是这不是我的错。

第三次

我走在同样的街道上

在人行道上有个很深的坑

我看见了

我又掉进去了

这是个习惯

但是

我的眼睛是睁开的

我知道我在哪里

我知道我是怎么掉进来的

我立刻爬了出来。

第四次

我走在同样的街道上

在人行道上有个很深的坑

我绕着它走了过去。

第五次

我走在一条不同的街道上。

在成长的路上,有时候我们貌似在重复,掉入同一个洞里,可是忘了去看我们掉下去的姿势已经不同,对洞的感受也有改变,而这些细微的变化就是成长的明证。我们需要学习公平地看待自己,看到自己做到的和暂时还没有做到的。

鲁米

人格IP商业顾问
国际OPLC成长教练

扫码加好友

鲁米 BESTdisc 行为特征分析报告
DCI 型
O级 无压力 行为风格差异等级

新商业女性 New Business Women
报告日期：2022年10月24日
测评用时：12分00秒（建议用时：8分钟）

BESTdisc曲线

自然状态下的鲁米　　　工作场景中的鲁米　　　鲁米在压力下的行为变化

D-Dominance(掌控支配型)　I-Influence(社交影响型)　S-Steadiness(稳健支持型)　C-Compliance(谨慎分析型)

　　鲁米是个自信、果断、积极的人，喜欢学习知识，又能传递知识，提出有力的主张从而赢得别人的尊敬；作为一个相信逻辑、有怀疑精神和讲求精确性的个体，她敏感且警觉性高，非常不喜欢出现错误；尽管不算外向，然而天性诚恳的她，对所担任的角色感到合适时，是善于社交的。鲁米以原则为导向，支持组织结构、权力或程序。

每个人都有独属于自己的"人生商业"

"我拍个视频,你跳下去了,到时候派出所问起来也能证明一下,不是我把你推下楼的!"

本以为上帝给了我一把通往光明的钥匙,却临时又换了一把锁。绝望、悲伤、愤怒、无助,充斥着我颤抖的身体,我冷笑着骂自己:"你眼瞎啊,找这么个人,太不值得了!"

幸而,如今我意识到,把权利收回到自己的手上,一切都可以主动创造。

生于热烈,藏于俗常

1990年,我出生在四川宜宾的一个工人家庭。我的母亲是工厂职员,父亲是物业电工,我是他们的独生女。

从幼儿园时起,母亲和父亲常年分居,我也不爱和小朋友玩,只酷爱文学诗词。稍大后,喜欢和与自己一样文静、内敛的同学一起玩,直到大学都是文科成绩优异,对数理化怎么也提不起兴趣,典型的偏科生。

我最显著的缺点是对数字、算法极不敏感,不喜欢听从别人的指示。当我不想做什么的时候,我会抗拒;当我乐于做什么的时候,什么都阻挡不了我。

我的好奇心强,小时候经常傻乎乎地盯着鞋子看,它是什么时候变小的?一块五毛钱为什么能买二两面条?《十万个为什么》、世界名著、诗词歌赋被我翻了一遍又一遍。

因为好奇心,我干过一些危险的事。母亲在外工作,我便成了小大人。爬上屋顶,只为找漏水的地方,差点摔下来;灯泡没电了,自己安装,结果一下子被电到;耳屎堵住了耳朵,自己悄悄用细针把耳膜戳了个洞。

小学毕业时,母亲和父亲离婚了。母亲为了让父亲承担起照顾我的责任,强迫我离开她。我住进了父亲新组建的家庭,但新家庭并不欢迎我,他们说各种尖酸刻薄的话,还常常栽赃陷害我。我像一只受惊的小兔子,自卑而敏感,只想早日离开这个让人厌恶的"家"。

慢慢地，我开始封闭自己，疯狂学习，和同学保持距离。上高中后，我就住进了学校。当我代表全市参加演讲比赛、诗歌朗诵，并获得各种奖项后，我的信心大大提升了。

突然有一天，我被告知母亲得了间歇性精神障碍。我恐惧、害怕，却被迫要面对所有的事情。

医生的冷笑和漠然、亲戚的鄙夷，让我一夜长大。从那一刻开始，在很长的一段时间里，我形成了"少管闲事、多做成绩、别靠别人、只靠自己"的处世风格。

前世今生，觉醒征途

毕业工作后，从特产电商淘宝单品类第一到传统医药行业销冠，再到高新科企联合创始人，我看到了自己在商业上的天赋，也反应过来我已锻炼出很强的做新媒体的能力，但人际关系和领导力方面的缺陷也越来越明显。

从小缺乏关爱所导致的人格不独立、没有人生衡量标准，让我在后来的婚姻中失去了原则、喜欢迎合他人,常常委曲求全。团队成员的内耗问题、家族亲戚的冷嘲热讽、另一半的拳脚相加,加上高负荷的工作,让我常常整夜失眠,泪水打湿枕头,哭到天明。

直到开头那一幕,成了我成长的爆破点。

鲁迅说:"世上如果还有真要活下去的人们,就先该敢说,敢笑,敢哭,敢怒,敢骂,敢打。"

这并不是让我们去和世界对抗,而是鼓励我们要有一种生而为人所自带的生命力,是一种生活的底气。拥有这种底气,你才能拥有重新开始的勇气。

2019年下半年,我解散团队,出国游学。一个教授的一句话点醒了我:"不要做一个赌徒,不要对沉没成本视而不见。"

我终于下定决心,在2019年12月的最后一天和前夫办理了离婚手续。我对自己说:"你要改变自己,开始新的生活。"

2020年,疫情来了。果然,新的生活,确实开始了。

在我反复拉扯、觉得自己一败涂地之后,我几乎看不到希望,尽管那时我已经在新商生态里,偶尔感觉这里似有新的契机,但是我依然没有力量推动自己往前走。

经历一年的沉寂之后,我开始不同程度地参与了很多项目,逐渐培养了新的思维、新的关系。在生态内外学到了不同领域的系统内容,我的生活发生了肉眼可见的变化。

我的顺境大幅增多,而我如坐过山车般的逆境既是可以容忍的,又是具有教育意义的。即便2022年,我经历了第二次胎停的生死课题,我明白自己只是在人格的修道场,进行着一场人间游戏。

我放空自己,一切开始越来越好。

从营销人、媒体人、成长教练到商业顾问,这期间,我经历了创业的高峰和低谷;做了上百个公益项目;签了器官捐赠协议;改善了自我关系、亲密关系;结交了几位生命挚友,每天都平静、自在、喜悦;通过直播社群,交朋友,学商业逻辑。

面对生命的重大挑战和突如其来的疫情,我"死去又活来",痛并快乐地涅槃重生,也终于找到了人生的方向和价值。

2023年是大家开足马力的一年,我也将从各个商业方向和历史栏目、和自己、和家乡进行深度对话,感受人生、商业、资本、历史的意义,也感受来自家乡大地的力量。

我希望可以帮助普通人在脆弱中获得反脆弱的人生主动权,帮助中小企业主提高心智、优化组织,用互联网的创新力量推动产业变革,共创、合投、众推,做一个最了解家乡本土历史的人生商业顾问。

结 束 语

在这场旅途中，OPLC 系统、商业生态系统、人生蓝图系统是我得到的价值最高的三样东西。

OPLC 系统在很大程度上完善了我的人格，改变了我日常的思考方式和行事方式；商业生态系统，让我看到个体和企业主的许多新的商业可能性和从商业顶层设计到落地的全链路；人生蓝图系统让我加速落地，开展新的行动。

这三个系统重塑了一个全新的我，让我的生活从抑郁自杀到安定平和、喜悦绽放，也拥有了一段新的婚姻，并开始有企业主向我抛来邀请。

在这条路上，我们发现：企业产品积压在仓库，现金流紧张，一筹莫展，线下营销成本越来越高，不懂线上营销和成交，自己搞了半年，不如别人搞 3 个月；员工难招、难留、难管，执行难、效率低，缺乏线上打仗的队伍，自己实力很强，却无可奈何、自我怀疑，家庭关系紧张，却无暇顾及。

个体 IP 越做越吃力，总感到孤独，做一场发售变现了上百万、千万元，却无法持续，经历内耗，不敢和别人说；偶尔还有成交卡点,不敢大方收钱,赚到了钱,又留不住钱,被各种关系束缚、捆绑;好像生活还不错,可总觉得差点儿什么。

新的阶段,我将把 OPLC 系统、蓝图系统和商业生态系统构建成"蜕变型教育",融合哲学、关系学、商学、财学,最后用人格 IP 私域系统做呈现。

我愿意用 3 年时间,深度陪伴 100 位同频个体和企业主,帮助喜欢和信任我的人构建具有自己独特基因的系统,一起绽放生命。

补认知、磨能力、修道心、下场干,让成长更值钱,让商业更持久,让人生更自由!期待和同频的你,一起慢慢做好我们的人生商业!

大可

醒觉商学院创始人
金钱觉醒教练
钱袋子财商创富平台创始人
保险人知识IP联盟发起人
RFC国际注册财务策划师

扫码加好友

大可 BESTdisc 行为特征分析报告

ISCD 型

6级　工作压力　行为风格差异等级

新商业女性 New Business Women

报告日期：2022年09月28日
测评用时：03分34秒（建议用时：8分钟）

BESTdisc曲线

自然状态下的大可　　工作场景中的大可　　大可在压力下的行为变化

D-Dominance(掌控支配型)　I-Influence(社交影响型)　S-Steadiness(稳健支持型)　C-Compliance(谨慎分析型)

　　大可热情而健谈，富有想象力，认为生活充满可能性。她有很强的同理心，有团队和合作精神，工作时以身作则，喜欢追求高标准；她凭着经验和知识，小心而透彻地运用逻辑进行工作，不断求变，开展不同的任务，寻求不同的解决方案，与不同的人打交道；她乐于给予团队自由和包容，对于自己认定是有意义的事，会非常坚持、贯彻始终，独立无畏并勇挑重担。

通往财务自由的道路是自己

作为一个理财爱好者和财商实修者,我曾两次实现财务自由,但我发现,财务自由也许是个伪命题。

第一次财务自由

第一次实现财务自由,靠的是结婚。那是 2007 年,跟随初恋男友,我从浙江嫁到天津。

都说大学的恋情是毕业就分手。结果,提了分手以后,他却扔下工作,跑到杭州来找我。我心软了,不惜违背母亲的意愿,跟着他离开家乡,去上海创业。7个月后,我们又从上海回到天津结婚。

他是独生子,是大家庭里的长子、长孙。我知道他家人口多、事情杂,我离乡背井不好过,但也做好了和他白手起家的准备。只是,到了天津,我才发现——不存在白手起家。

大女儿很快就要出生,婆婆告诉我,在家安心待产,生养孩子的钱和我们的生活费,家里来出。

我从校园学霸和职场打工人,一不小心,变成了一个居家宝妈,同时,还成了个小小的"少奶奶"——我"财务自由"了,不需要工作,在家陪娃就能拿生活费。结婚的礼钱、孩子百日的钱、老公上班的钱,都在我银行卡里,每个月还有两套房子的房租入账。

小时候在农村过着艰苦的日子、一直被妈妈严格管教的我,走马上任管家婆。我把这个工作看作是一份神圣的职责,我要很郑重、很认真地对待。每个月进账、出账,都用一个小本子记得清清楚楚。剩下的钱,炒一点股票,买一点保险。

大部分的钱,我都花在女儿的培养上,却不太敢给自己乱花钱。因为婆婆的日子过得节俭,我拿着家里的钱用,别说铺张浪费了,就是稍微追求点生活品质,也得偷偷摸摸的。

但,我很快发现,手心朝上的日子不好过。

有一次,我给女儿买了一条品牌的裙子,穿去婆婆家,正好赶上婆婆也给她买了件新衣："宝贝儿，快来看，奶奶给你买的裙子好看吧？早市买的，才十块钱一条，纯棉的，可舒服了。"我抿抿嘴，不敢吱声。

想带孩子出去旅行，婆婆主动说："给你们拿点钱吧。"老公往后缩，"我不啃老，没钱就不去。"婆婆塞给我，我尴尬了，不收，推不掉；收，不舒服。

这个"财务自由"，很不自由。

老公继承家产名正言顺，他可以直接躺平，等着自动成为财务自由的富人，这是他认可的知足日子。可是我呢，可以吗？不可以。我还有我的生活乐趣和人生追求，还有我自己的双亲和朋友。我想要能符合我自己要求的财务自由。

而这一切，等着别人来赠予你是没有用的，因为这是我自己的人生目标，与他人无关。与其坐等靠，不如自己来，于是，我开始做淘宝网店。

一次吵架，老公犯浑："你住我家房、开我家车，还跟我这么嘚瑟，再吵就滚回浙江去。"我气结，拿起钥匙，甩门就走，在租住的淘宝办公室里，度过了远嫁以后的第一个孤单的夜。

有了淘宝店，有了自己的收入以后，我不再收公婆的生活费了，但是结婚后存的钱在2008年的股市里跌去了将近一半。我努力工作，小心翼翼地抓紧补缺。

淘宝店一共做了5年,一不小心居然还干成了个双皇冠店,有了自己的企业商标和工厂生产线,我以为我赚了很多钱,算算流水,一年也奔着百万元去了,但一看账面,没钱。钱呢?去哪儿了?

为了搞清楚这件事,我开始记公司的账。原来,挣到的钱又全部被生意吃掉了:进货、压货、打直播车广告、租办公室、买样品、雇客服、发快递包裹……

一桩桩、一件件,看着不多,但加起来就是一个大数字。看着生意红火,但利润反而越来越微薄。除去成本,只够养活自己和孩子。这生意不能干了,我决定转行。

第二次财务自由

7年以后,我第二次实现了财务自由。这一次,在一个离钱很近的行业——保险。

30岁那年的10月,我加入了保险公司。刚入行时,娘家和婆家都激烈反对,觉得我干不了这行,吃不了这些苦。说一个读了那么多年书的象牙塔才女,跟人碰杯都不会,被人敬酒还脸红,这还能做业务?而且虽然在天津生活了七年,但都围着网店和孩子转,没有本地人脉,怎么做呢?再说,保险是一个被污名化的行业,放着世界500强企业的日语翻译不干、银行的工作机会不要,非要卖保险,不觉得丢份儿吗?

可是我不觉得。我只知道,每天两点一线不是我要的生活,我怕办公室政治,最烦每天重复枯燥的工作。别人也许觉得我斯文秀气、文艺小资,可是只有我自己知道,我骨子里是个浪漫至死、自由至极的人。

我被保险行业吸引,就是因为它有广阔的发展空间和时间自由、收入自由的工作模式。我相信只要我持续努力,一定可以完成收入的复利递增。我的计划是30周岁入行,在45周岁之前实现财务自由。

于是我开始了犹如坐火箭般迭代上升的职业生涯:第一年入行;第二年当上业务主任;第三年完成MDRT;第四年抓住行业机会,果断跳槽,去了国内排名前三的专业中介平台,迅速组织人力,发展团队,一年九个月后,一支百人规模的团队出现在了我的名下;第五年,被邀请去总公司,在千人会场做嘉宾分享;第六年,个人业务继续实现MDRT,团队业务排名全国前50名;第七年,接到同行业其他平台的邀约,被邀请出任专业保险经纪平台服务中心总经理,可以在亚洲第七高楼的地标性写字楼里拥有我自己的事务所。

卖保险是比开淘宝店挣钱,但是,在研究钱的行业里工作的人,不一定都能研究明白钱。

在保险公司,我很快发现,身边的很多同事都处于花多挣少的状态,甚至恰恰因为在离钱近的行业里工作,更容易接触到信用卡、网贷这些渠道,所以也更容易背上负债。维护客户关系和经营团队的压力,应付公司业绩考核和团队考核的压力,高强度工作下自己的高消费需求,还有为了混进各个"高端"圈子而交的各种入会费,都是心知肚明却算不清楚的隐形成本。工资单上发的佣金虽然看起来不少,但扣税和各种成本也多呀!

最可怕的是,公司好像根本不关心业务员到底过得怎么样,反而一个劲鼓励业务员订酒桌、订礼品、旅游消费大手大脚……

我一边暗暗躲开这些乱七八糟的事,一边加紧学习,拿到了理财规划师证书、国际注册财务策划师证书、退休养老规划师证书、保险咨询师证书……就算要花钱,我也争取都花在自己身上。投资头脑和知识,让自己更值钱,比买什么都强。

但是受环境的影响,我依然不可避免地养成了高消费的习惯。当我跳槽到第三方以后,工作环境是好了很多,但忙碌得连轴转，很多时候连思考怎么花钱的时间都没有，碰到需要的就买，根本就不看价了。这种高收入、高消费的做法，也有问题。

有一次，我当月的工资发了接近 4 万元，过了不到 10 天，中午订餐的时候突然发现银行卡里少了三万六千元。这钱，怎么就没了呢？我花哪儿去了？我苦苦思索了半个小时，直到核对了三张银行卡的消费记录，才想起来。我意识到状态不对，奔着财务自由的目标，实现了高收入，却并没有能留住钱。如果留不住钱，又怎么能实现财务自由呢？我要有更多的资产。

于是，我又开始记账，并且把几张大额理财保单里的现价、贷款出来追加股票和基金的持仓，让这些沉积的钱都流动起来，跑起来。一边赚生存金，一边赚股票、基金。

人，生而自由

有一天，我给自己做了财商测试，发现我的非工资收入居然可以覆盖 85% 的支出和负债了。原计划在 45 岁实现的财务自由,只过了短短的7年,我居然就实现啦!无比兴奋!

那一刻的兴奋和喜悦,确实是真实的,然而兴奋之后,我又茫然了:财务自由的人,不是应该很自在、很从容吗?不是都说,财务自由了以后,就可以自由选择自己想过的生活了吗?可为什么,我还是需要没日没夜地面对职场、工作?为什么我还是压力这么大,忙到没办法陪娃过暑假,也没时间回家看老娘?公司领导每天要求各个团队报绩效,一到月末、季度末,就又到了各个团队大比拼的时候,不能掉队。更要命的是,平台制度在改变,公司领导在跳槽,平台文化也变得越来越不像当初我选择加入时候的样子。

这种"财务自由",依然很不自由。

2021年春节,我决定开始做私域社群,打造自己的自媒体IP。经过半年多的考察,在当年的10月,我加入了新商。我决定暂停这七年飞快奔跑的脚步,留点时间给自己。

这一年里,我做了视频号,做了直播,开了社群,通过自媒体平台传播我对生活和人生的思考,和天南海北的创业伙伴们一起旅游、学习。这时我出去旅游,第一次不再惦记给客户买什么,给团队买什么;第一次为了自我成长和突破,全身心浸泡到一个又一个高能场域里。

这一年里,我结识了好多有意思的人,看到了很多多面化的人格,经历了自己的破碎,也见识了别人的穿越。我第一次不需要想着:她有没有可能做我的客户或者增员,而只需要考虑:这个人好有意思,我想认识她。

这一年里,我停止了过去这么多年的向外求,选择了深深地向内行走,去看到自己的内在需要被重构和迭代的那些黑暗处,照亮它们。

这一年里,我哭过,也笑过,获得了私域社群和新商业经济的认知,也经历了最黑暗、叛逆的一段时光,却收获了我最强大的自信。

这时候,我突然明白了:原来,我的不自由,不是因为钱不够,而是因为我真的没自由过。

自由,根本就不需要被赋予,也不需要被成就,不需要用一个数据去证明,也不需要用一张表格去框定。自由,来自人的心灵和生命。

当自己心灵自由时,无时无刻不拥有自由的感觉,跟金钱无关,但能吸引到更多的财富和好运气;如果心灵不自由,哪怕拥有很多金钱,依然不会感受到金钱的善意,甚至还可能会困在这份财富所带来的烦恼里。

财务自由这件事,赋予了我们更多追求成就的理由,但是,追随目标而不执着于目标,才是人生大自在的不二法门。

每一个普通人,都可以实现这种属于自己的独有的真正的自由。这种自由,可以让整个人生变得幸福。

结　束　语

我想起了高中阶段孤独、寂寞的时光,虽然成绩优异,却总是我行我素;想起了 16 岁时,在本子上写下的"不自由,毋宁死"。我早已把"自由"两个字,列为人生愿景榜的第一名。

原来,在那么懵懂、青涩的时候,我就已经如此向往自由。二十年后的我,获得了这份自由,真正为我吸引来了财富。

在一年的跋涉和探索后,我在社群里拥有了这个新名字:大可。是的,以前,我是赵总,是老大,是团队长和中心总;今天,我是大可,可可爱爱的"可"。

我总是想去拥抱和接纳身边这些可爱的小灵魂,用财商赋能的方式,去照亮女性的生命。我想帮助她们解开金钱的谜团,做一个金钱的明白人,想要看到她们在金钱这方面,靠自己的双脚站起来,获得金钱和自我觉醒,在生命自由的同时,获得财富自由。

我是一个普通女孩大可,这是我的故事。我可以,你也可以。

第三章

相信梦想的力量，建设美好的世界

李晶

锦瑟能量文化传媒创始人
商业IP落地孵化导师
心灵情感成长导师

扫码加好友

李晶自信而友好,坦率、果断,有驱动力去完成有挑战性的任务;她像是天生的领袖,能领导别人接受自己的思考方式,组织好人,朝正确的方向前进;她注重沟通,会按照已经确定的规章制度、标准、程序和先例来工作;遇到有挑战性的难题,她会以全面的方法去解决。

走在天赋道路上,创造属于自己的未来

在韩国念完研究生回国以后,我曾在外企和央企做过软件产品经理,工作内容是梳理各大公司内部的业务流程,为它们设计软件系统。

但是,人生就是这么奇妙,我放弃了原专业相关的工作,转行做心灵情感成长导师。看上去跨度挺大的,但一切都是为了回到人生的正轨。

开启尘封多年的记忆

从记事开始,我就一直好奇:人为什么不会魔法?为什么不能像电视剧里的神仙姐姐那样,一个起心动念,就可以实现自己

的所有愿望？当看到仙境般的宫殿时，我总觉得那就是我应该待的地方，就是我的家。我还特别喜欢拿起妈妈的纱巾，披在肩膀上，想象自己是一个小仙子。

小时候，家里有一尊作为装饰的小小的观音像。虽然父母觉得好笑，但我也会很认真地隔三岔五去拜拜。特别是心里有愿望的时候，就会和观音像聊天，然后学着电视里的样子，正儿八经地拜起来。直到后来搬家，观音像被收起来，我才停止了这个可爱的小举动。

高中时，班里有同学说塔罗牌可以预测未来。听到这句话，我想都没想，就坚定地相信了，心里充满好奇，一放学就直奔市场，花"巨款"买了一副超级好看的塔罗牌回家，有空的时候就自己抽着玩。

那个时候并没有塔罗牌的老师，我就自己拿着塔罗牌自带的小册子，对着上面的解析来解读每张牌的意义，还经常蒙对了不少。

印象最深的就是给自己抽未来规划的问题，总是抽中一张叫"命运之轮"的塔罗牌，小册子的解析是：我以后会去国外。最后，自己真的阴差阳错地去了国外学习，念完了研究生，想想也是蛮可爱的。

随着自己学业的加重，慢慢就把这些可爱的喜好放下了。我真正开始接触心灵情感成长类的课程，是在 2019 年。

那段时间,我开始了特别多的副业,其中一个就是在某线上学习平台里做社群班委,带领大家线上学习。然而很巧的是,突然这个平台就开了占星课程,而我和占星课程的带班班委,又是特别好的朋友。她无意中的一句"占星很有意思"立刻开启了我尘封多年的记忆,我开始重新回到自己从小就充满好奇的行业之中。

重新建立对天赋的认知

自从开始接触占星课程,我就一发不可收,从占星到系统地学习塔罗,再到易理,慢慢地,儿时的兴趣成为自己人生发展的重要轨迹。

有一天,我突然意识到自己需要去掌握高维信息、和更多未知的高维世界对话。机缘巧合之下,我又开始接触疗愈,学习了更多与能量相关的课程,从此开启了对生命更新的认知。

说来也神奇,从小我就是个喜欢思考赚钱的人。从上学开始,就想尝试各种各样的赚钱方式。大学的时候,拉着寝室好友,在情人节上街卖花;2005年,开始捣鼓淘宝网店,做留学代购;回国后,就尝试去租红极一时的格子铺,做格子铺掌柜;再后来,做过微商,还做过线上课程销售。所有我知道的赚钱方式,我全部都做过。

虽然看起来都有些成绩,但是做起来最顺风顺水的还是心灵情感成长的疗愈。自从靠它变现以后,就像拥有了小小的"锦鲤体质",完全不用自己费多少工夫,客户和学生就会自己靠过来。我最后决心离开职场的时候,作为副业的收入,已经远远高于作为产品经理的主业收入。

当我开始意识到这一点的时候,突然发现,人一定要走在自己的天赋道路上,所有的一切,都会来得轻松而又愉悦。

当初做出离职的决定,也是因为工作需要经常出差去各个城市,12个月中,常常有9个月都是出差的状态,很难有时间陪伴家里的父母、孩子和爱人,所以"能够陪伴家人的事业",对我而言,变得尤其重要。

直到有一天,我坐在电脑前撰写产品文案,我突然开始觉得,自己被困在一个小小的笼子里,而这个笼子,把我锁得死死的,让我自己失去了所有的创造力和无限的可能性。那一刻,我心里冒出一个声音:李晶,你不应该被困在这里,你应该去创造无限的未来。

这终于将我犹豫了很久的离职想法,推到最高点。我决定,去创造真正属于自己的未来,去实现所有梦想。

工作的意义在于重获新生

做心灵情感成长疗愈,我最大的动力来源是能给大家实实在在的帮助。

有一天,有位女生急匆匆地找到我,提出做疗愈的想法。我看了下日程安排,和她约定在 3 天后。谁料没过多久,她非常着急地问我说:"可不可以马上就开始?"看到她如此迫切,我立刻调整了当天的安排,直接为她进行了疗愈。

在做疗愈的过程中,我发现她所有的情绪都卡在幼年的记忆里。小学时候的那个她,弱小、无助,总被同学欺负,甚至在被同学欺负的时候,也没有得到父母和老师的支持,只能自己在背地里默默地承受一切。所以,这些带着创伤的记忆,给她造成了极大的影响。她在长大成人之后,仍然对社交恐惧,对人群躲闪,不敢和别人做深入的交流,害怕再次被他人伤害。

找到这些关键点和负面信念模式之后,我帮助她处理了卡在儿时的记忆,并且做了内在的疏通和卡点的清理。让我特别惊喜的是,当天做完疗愈,她就说整个人放松了很多,对生活又充满了自信。

再过了几天,她来找我聊天,我才知道,那天的她那么着急地要做疗愈,是因为当时她的情绪极度崩溃,甚至想用结束自己生命的方式来面对那一刻的无助。她感谢我给她做的疗愈,带她从人生最黑暗的时间里走了出来。

我又一次感受到自己工作的意义:帮助每一个人,从当下的困顿中走出来,重新获得崭新的人生。

结 束 语

每个人,都有自己想实现的梦想和希望完成的事业。很多时候,我们非常清楚地知道自己梦想的道路,也极其明白自己的天赋所在,但是真的大胆放手、敢于追求的人,却少之又少。

你有没有问过自己,最想成为的人是谁?最想成为的样子是什么?

很多人常常被外界的浮躁幻象迷惑,而忘记了当初最真实的那个自己,所以才更需要能够直击内心的身心灵导师的出现,来帮助他们找到最本真、最纯粹的人生道路。

我现在成了一名全职的身心灵导师。在未来,我也将带领更多的小伙伴,通过身心灵的学习,去帮助更多人,让他们的人生变得更加美好。

有梦想的人生,就一定值得期待;走在自己的天赋道路上,一定会金光闪闪。我相信,所有的梦想,也一定会在不久的将来,全部实现。所有你希望的,你渴望的,终有一天,都将成为你拥有的。

只要你相信,并且坚定地走下去,宇宙就一定会给你最好的安排。

小云

家庭教育指导师
国际儿童导师

扫码加好友

小云 BESTdisc 行为特征分析报告
IS 型
3级　**工作压力**　行为风格差异等级

新商业女性New Business Women

报告日期：2022年07月25日
测评用时：10分47秒（建议用时：8分钟）

BESTdisc曲线

自然状态下的小云

工作场景中的小云

小云在压力下的行为变化

D-Dominance(掌控支配型)　I-Influence(社交影响型)　S-Steadiness(稳健支持型)　C-Compliance(谨慎分析型)

　　小云乐观、热情，擅长人际交往，而且非常乐观向上，她能表达出一个非常吸引人的美妙愿景或一种核心目标感来说服和影响别人；沉静、友好、敏感和仁慈，她喜欢关注外在世界的人和活动；她慷慨大方，而且是有同理心的，愿意支持别人；她会努力确保情境的和谐，构筑融洽的关系。

教育就是一朵云推动另一朵云

德国教育家雅斯贝尔斯在《什么是教育》一书中写道:"教育就是一棵树摇动另一棵树,一朵云推动另一朵云,一个灵魂唤醒另一个灵魂。"

我在一个充满爱的家庭中长大,父母用自己朴素的方法对我进行言传身教;长大了,我找到了教育的意义,希望用我简单的初心唤醒更多父母,让孩子们能享受幸福的童年。

照亮我的是
父母朴素的教育理念

从小,我们并不缺什么东西,别人家有的,我们也都有。我3岁那年,在金融危机前、房价最高的时候,爸爸妈妈全款买了我们镇上教育资源配套最好的房子。于是,我们从农村搬到了城镇,在100平方米的房子里,满是欢声笑语。

爸爸妈妈对我们没有特别多的要求和期待,经常挂在嘴边的就是那句:"好好读书,将来戴四方帽(学士学位的礼服帽子)。"

小时候,步行街的新华书店还没有搬迁,那是爸爸妈妈经常带我们四兄弟姐妹去的地方。还记得妈妈常常和爸爸说:"钱不要乱花,留着给4个孩子读书用。"

妈妈当年考上了大学,但因为家里穷,为了帮衬家里,就放弃了读大学的机会。长大了以后,我才明白为什么妈妈一直要备着足够的钱,大概是希望她的孩子不会像她一样,因为钱的问题,没法继续读书,留下遗憾。

我们还算争气,从小到大,爸爸妈妈很少需要操心我们的学习,我们也从来不用上什么辅导班。每次学期末,我们拿回来一沓奖状,就是爸爸妈妈最开心的时候。爸爸经常拿着奖状念:"三好学生、优秀班干部……"

但是,在品德上,妈妈对我们的要求很高。

记得有一次,我带着弟弟妹妹从妈妈房间的桌面上拿了几块钱,去楼下小卖铺买东西吃。也不知道妈妈是怎么知道的,那次,我被妈妈用鸡毛掸子打了一顿,还被赶出家门口,在楼梯间反思。妈妈说:"你不好好做榜样,反而带头做坏事?在没有人同意的情况下,拿任何东西都是偷窃行为。爸爸妈妈以前那么穷,也从来没有拿过别人的一分一毫!"

在楼梯间,我孤零零地站着,哭着说:"妈妈,我不敢了!"妈妈很少那么凶地批评我,那是第一次。

经过那次深刻的教育,我不再稀罕别人的东西。即使是在当翻译、独自生活那几年,很多老板、外国朋友都会送礼物给我,有的还很贵重,但是我从来都不会要。

虽然对我们很严格,但是妈妈对亲戚很仁慈。爸爸妈妈的勤劳,让家里积累了一些财富。慢慢地,亲戚开始向我们一次又一次地借钱。以前家里很少争吵,后来我常常听到爸爸妈妈因为借钱的事吵架,妈妈说:"亲戚一场,难道不帮?"有时候,还要爸爸把钱送过去。

其实,妈妈特别省吃俭用,感觉省下来的钱都借出去给别人了。大部分借钱的亲戚朋友并没有还上钱,而妈妈还是坚持要去帮别人。

我，就是在这样的家庭里长大的。

深藏心底的
教育种子已经发芽

我曾经有过当老师的愿望，并在大学期间考取了教师资格证。

我放弃当英语老师的想法，是因为我在一次义教中发现，英语已变成孩子必修的一门考试科目。在我看来，学习英语是一件有趣且好玩的事，如果变成应试教育，就不好玩了。

我做过总经理秘书，做过翻译，还有银行的客户主任。结婚怀孕后，我成了全职妈妈，但我一直想再次回归社会，不脱离社会。

因为孩子即将出生，我开始关注育儿，认识到0到6岁是教育的黄金时期，女儿还不满一周岁时，就开始让她上早教。2岁多以后，我发现单纯的早教课已满足不了她的社交需求。

当时，在我们小镇上，没有找到特别合适的托育机构，于是我就萌发了开办一家托育机构的想法，这样既可以让我的孩子上学，还能让镇上的孩子受益。

2020年疫情暴发后,机缘巧合,我和小伙伴投资加盟了一家托育早教机构。从选址到最后装修,一砖一瓦,都是我们的心血。

虽是炎炎夏日,但我们的热情丝毫不减。我每天奔走于工地监管、采购物品、派传单、拿名单、招聘面试,晚上回家继续线上学习市场营销、育儿知识、托育管理 SOP 等等。开心的是,在开业前预热的那场活动,取得了非常好的效果。

每天一早,我就去迎接孩子、接待家长;没有新到访的家长,就去班级看看可爱的孩子们;午饭时间,和厨房阿姨进班看孩子们的用餐情况,整理新菜单;下午 4 点游泳馆开始忙起来的时候,就去游泳馆,拍拍宝贝的可爱笑脸,帮忙放水洗澡;到了接送时间,就会帮忙整理孩子的书包、衣服,把孩子安安全全、健健康康地送回给爸爸妈妈或爷爷奶奶,顺便聊聊孩子的情况。

整个园区就没有我不会干的活,哪里需要,就去哪里支援。我才发现,原来我心里早已种下了教育这颗种子。我深爱这份工作,深爱着孩子们。

坚定而执着地
做有良心的教育人

让我强烈觉察到家长对家庭教育、育儿知识以及孩子生长发育特点有认知盲区的,是一个"星星的孩子"。

这个男孩高高瘦瘦,长得眉清目秀。几天下来,我就发现他有点与众不同:他没办法自己好好坐着,要不断走动、扔东西,也经常转圈。最让老师和保育员头疼的是,他会用头磕地板。

我和老师们都觉得他有自闭倾向。可我们不是医生,没法下结论。

我和老师们都意识到孩子需要更多的关注,也给予了特殊的照护,但他妈妈对孩子出现的情况并没有觉得有什么异常,认为只是发育迟缓,所以就没有过多地关注。

但我没有放弃。为了更加深入地了解他,我一有时间就进班级去看他。每次他爸爸来接时,我都会和爸爸聊天,我后来还坚持送孩子回家。在等待吃饭的时候,我就和孩子玩,也看妈妈和孩子是怎么互动的,多了解孩子和家庭环境。

一次外出学习的机会,让我认识了一个对"星星的孩子"特别有经验的园长投资人。跟她聊完以后,我对这个孩子的行为有了更多的了解,我简直太兴奋了。

回到园所,每天中午我都会和园长沟通孩子的情况,园长也会给我建议和指导,但苦于没有更专业的理论知识,所以对孩子的了解和帮助也不够,于是我就带着感统老师外出学习,也再次在专业老师那里得到了确定答案:不能让孩子再上托班了,不然就会耽误 3 岁前的黄金干预时间。

为了让专业的老师来引导孩子的爸爸妈妈,我从福建请来了有 10 多年专业感统教学经验的主管来园所做感统测评。为孩子做完一对一测评后,凭借着实战经验,她告诉我:"这个孩子几乎能确定是患有自闭症,建议让孩子尽早接受一对一感统测评,给孩子有针对性的刺激,不然孩子这一生就废了。"

几个月沟通下来,孩子妈妈还是一直拖着,一来看到我们对孩子进行专业引导后有了进步,二来二宝至少还要大半年才会上托育,所以目前还没办法陪伴大宝去上一对一的感统课。

我每天辗转反侧,想怎么更好地和妈妈沟通,最后,我做了一个决定,我对孩子妈妈说:"我们不能让宝贝继续上托班了,必须要带孩子去妇幼保健院做个测评。"

妈妈一听就炸了,说了很多难听的话。其实,我决定不让这个孩子继续上托班,就知道一定会有事发生,也知道二宝以后也可能不来了,但我觉得做了一件难而正确的事。果然,这段关系就破裂了。

和福建感统老师和园长朋友聊起这件事的时候,她们对我说:"你对这个孩子比自己的孩子更用心,更花时间。""你简直是中国最有良心的教育人之一,完全不是为了赚钱而来。"听了她们的几句话,我泣不成声。

当天凌晨 2 点,我给孩子爸爸发了很长的一段话,最后说了句:"园所每一个孩子都是我的孩子,希望你能理解我也是个妈妈,我不想耽误我孩子一分一秒的进步和成长。"

两个月后的一天,孩子爸爸突然出现在园所门外,说想和我聊聊。那次,他听进去了我的话,带孩子去妇幼保健院做了测评,这是他人生中第一次知道这个世界上有自闭症。他后悔地说,如果早点知道就好了,也感恩我的用心和刀子嘴豆腐心。

这个爸爸的行动让我觉得一切都值了。将近一年后,现在孩子已经正常地上幼儿园了。

还有很多类似的情况,因为爸爸妈妈的不自知,孩子的很多行为都被合理化,认为孩子长大了就好了。父母对教育的认知真的是孩子发育成长的天花板。

这更加坚定了我要普及家庭教育和亲子育儿知识的信念。为此,我还邀请广州的专家来园所开讲座,自己也学习并考取了国内和国际儿童导师的证书。

结 束 语

我慢慢发现,仅仅靠一个园所,能影响的父母很有限,于是,我萌生了做个人 IP 的想法,希望能将更多先进的育儿知识传播给更多的家长。正如我创立的公司名字一样——心睿——用心引导,教育更多睿智的孩子。

2021 年年底,我投身于视频号,成了一名教育博主。通过我的专业知识和经验,我将更多先进的育儿知识、亲子教育方法传递给更多的父母,赋能更多的父母,让他们能处理好亲子关系,做到因材施教。

孩子是祖国的未来。中国要更加强大,全依赖我们这些可爱的花苗。而我们作为曾经的小苗,长成小树后,也要学会饮水思源,推己及人——这是我父母从小教导我的。

肖燕

服装设计师
元气泡泡童装创始人
新商业女性胡萍校长弟子

扫码加好友

肖燕 BESTdisc 行为特征分析报告
SCI 型
0级 无压力 行为风格差异等级

新商业女性 New Business Women
报告日期：2022年10月28日
测评用时：10分00秒（建议用时：8分钟）

BESTdisc曲线

自然状态下的肖燕

工作场景中的肖燕

肖燕在压力下的行为变化

D-Dominance(掌控支配型)　I-Influence(社交影响型)　S-Steadiness(稳健支持型)　C-Compliance(谨慎分析型)

　　肖燕天性内省克制，对于事实抱有一种尊重的态度；她天性追求精确性，喜欢领导和自己专业领域、兴趣都相似的个体；她珍惜和谐与合作，并且致力于创造这样的环境，会努力避免冲突和敌对情境；她非常有耐性，能保持专心聆听，会给人留下沉静、友善的印象。

元气泡泡的童梦王国

"喜欢美是人的天性,无论年龄。"这句话,在我的学龄时光便得到了实实在在的印证。

因为喜欢美,我深刻体验过羡慕其他小伙伴的心路历程;

因为喜欢美,我进入了和美息息相关的专业;

因为喜欢美,我选择了一生追求的事业;

因为喜欢美,我在尽自己所能,为他人创造着美。

追求美的种子，
在内心深处生根发芽

从小，我就是个爱美的孩子。妈妈擅长缝纫制衣，整个孩童时光，我从来没有缺少过新衣服。在对美的意识较为模糊的时期，有新衣服穿，对我来说，就是美。但是，这样的感知，在我小学一年级的儿童节那天，被彻底颠覆了。

儿童节前一天，我欣喜地拿到了妈妈特意为我缝制的花裙子，上面点缀着我最爱的黄色小花。睡觉前，我还特意叮嘱妈妈一定要把花裙子熨烫好。

那天夜里，我梦到了挂满气球的教室、摆满礼物的讲台、面带微笑的老师，还有一群小伙伴在开心地玩耍……

第二天，因为路上耽误了，我成了最晚到班级的那一个。当我满怀期待地步入教室时，我愣住了，所有女同学都穿着我只有在动画片里才见过的像云朵一样的蓬蓬裙，乳白色、鹅黄色、淡粉色，各种梦幻的颜色，每一件的领子都镶嵌着蕾丝蝴蝶结，各式各样的公主鞋闪着皮质的亮光。我低下头看着妈妈自制的花裙子，陷入了沉思：原来裙子是可以像她们穿的那样蓬松而可爱的……

那天，其他女同学就像是一群精灵在灵动跳跃着，我觉得自己就是一个异类，无法融入。这是我第一次意识到服装会影响一个孩子的自信心。

这个儿童节，与其说是让我开始感受到攀比心所带来的自卑，还不如说是我对于美的认知得到了觉醒和启蒙。

往后的日子，我依然十分珍惜妈妈给我做的每一件衣服，我清楚它们倾注了妈妈的爱与关怀，我每次穿着都有十足的安全感。同时，追求美的种子在我的内心深处开始生根发芽。

不自信的女孩，
因为笃定，闯入时尚圈

转眼来到人生的第一个转折点：初中升高中。

我选修了美术，将更多精力花在关于美的认知素养上，希望以艺术生的身份，进入梦想中的专业。

服装能够赋予个体的不仅仅是蔽体的物理价值，更是个人、群体、状态、职业甚至地位的象征，它能反映美学素养与精神品质，甚至传递内在情绪，因此我选择了服装设计专业，这个美好和高尚并存的专业。

经过 3 年不懈的努力以及在家人无私的支持下，我考上了梦寐以求的服装设计专业。然而，梦想是美好的，现实却是骨感的。

来自小城镇的最普通不过的我，第一次出远门，对外面的世界充满了好奇，也充满了惶恐。

在迎新晚会上，我便迎来了大学"爱美"之路上的第一次沉重打击，像历史重演一般，晚会上，女孩们都身着剪裁得体、质感很好的晚礼服，每一位都像是电影里高级酒会上的名媛，精致的盘发、自信的谈吐、优雅的微笑，再看看素面朝天的自己，穿着普通到不能再普通的白色吊带裙。

不自信所带来的拘谨，让自己显得格格不入。从此之后，我笃定了以"变美"作为未来的发展方向。

我努力加深自己对美的见解，从自己的美学视角看世界，从自身的穿搭开始，培养自信，并在自信中收获更多意料之外的惊喜与成绩。

毕业后，我有幸进入绫致集团，加入梦寐以求的时装行业。在这里，我学习了很多与时尚相关的知识，打开了在时尚圈的眼界，也为我之后的创业生涯奠定了符合市场审美的基础。

开启童装行业新模式的创业之路

2013年,因为家庭原因,我不得不辞去在绫致集团的工作,离开北京,回到故乡福建。因为离家近,且发展平台更大,所以我选择了厦门,懵懵懂懂地开启了自己的服装创业历程。

从女装到童装,依靠微博、公众号兴起的红利时代,我有幸积攒了一大批私域用户。靠着微信分销的人脉积累,收获了人生第一桶金。

在自己热爱的服装行业,为客户奉上带给他们自信的服饰的同时,又能收获满满好评和财富。在这段时光里,我的成就感十足。

直到2019年,短视频平台开始爆发能量,大众转而投入短视频的怀抱,我的用户也随之开始大量流失。因为营销敏锐度不够,没能跟上线上直播,公司业绩开始直线下滑,加上疫情暴发,生意可谓一落千丈。

面对这次挑战,我始终保持乐观心态,依然没有放弃我热爱的服装行业。在这段人生中最动荡、难熬的日子里,我试图寻求突破,开始思考如何渡过这个难关,开始思考什么是值得我为之奋斗一生的事业。

在一项权威调研报告中,我发现,在服装行业中,成人板块的美学教育投入很多,不论是形象搭配,还是色彩顾问,甚至是私人服装搭配师等等。仅拿小红书这个种草性质极强的平台来说,女装数据比童装数据多得多,但是,在童装板块中,童装搭配师、儿童美学、童装搭配培训等等,居然寥寥无几!

我忽然意识到这个社会问题:难道儿童穿搭不重要吗?"不是!"我心底的声音回答我,儿童穿搭真的太重要了!

做童装供应链这么多年,很多故事就发生在我自己身边。

有位妈妈有两个女儿,为了节省,也避免浪费,姐姐的衣服都留给妹妹穿,所以妹妹的童年一直捡姐姐的衣服穿。

这个妈妈平常工作太忙,孩子一般都是爷爷奶奶带。有一次,在妹妹的舞蹈班会演中,她发现其他宝贝都打扮得特别漂亮,自己的女儿穿的却都是姐姐的衣服,她突然觉得很愧疚。

我很能理解妈妈的心情。会演是宝贝们的高光时刻,妈妈们都会提早给宝贝准备好服装,得体的造型会给自己宝贝增加很多自信和光彩。

也有些家长舍不得在孩子的穿衣打扮上下功夫,好看点的衣服,一套下来得一千多元,而且也看不出原来衣服这么贵。有位妈妈经常自我调侃说,自己是被父母耽误了形象,她不想再耽误自己孩子的形象,但是自己真的不懂搭配。

我们这代人,大部分小时候家庭经济并不宽裕,都是忙着解决温饱问题,很少会注意穿着打扮。随着社会的进步,家庭条件越来越好,孩子们的形象逐渐引起重视了。当你不善言辞,形象会替你表达,而服装就是形象的重要载体,也是孩子美育板块的重要内容。

当一个孩子认识到形象美,从形象美又影响到自信心时,服装不仅能满足功能性需求,更重要的是,从穿衣这件事开始,会潜移默化地影响孩子的审美力和自信心,这和他未来的成长息息相关。

于是,我找到了一个特别有使命感、特别有社会价值和意义的事,那就是传递儿童穿搭的重要性,让父母从小重视孩子的穿搭,让孩子从小得到美的熏陶!

赋能童装行业成了我的创业方向,于是一条围绕给孩子不一样的童年、开辟童装行业新模式的创业之路便这样开启了。

不限于穿搭的
"元气泡泡儿童美学"

2021年6月份,我正式确定要做儿童穿搭品牌。

我在10天内召集了15位初级合伙人。在一轮又一轮的头脑风暴中,"元气泡泡儿童美学"成为我今后为之奋斗的事业。

为什么叫"元气泡泡"?因为泡泡,承载着我们孩童时期的天真记忆,是快乐纯真的象征,也是美好和想象的载体。我希望每一个家庭和我所打造的品牌一起,将不一样的亲子趣味吹进泡泡里,收获元气十足、缤纷美好的童年时光。

整个项目,对我们团队来说是个全新的方向,也带来了巨大的挑战,很多模块都是第一次尝试。我们调查了解到目前市场上没有儿童穿搭品牌,所有东西都要靠自己摸索落地。

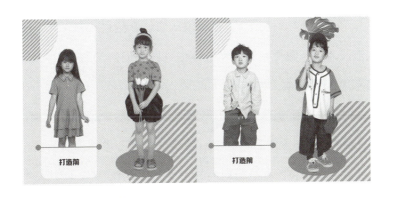

首先,我们做了产品的增值服务,购买产品时,我们都有穿搭师提供搭配服务。我们有一个爆款产品叫"元气省心穿搭礼盒",买了这个产品的用户,只要提供宝贝的信息,穿搭师就会给宝贝搭配合适的衣服,连配饰都会搭配好。我们的初衷也是想让家长省心,把宝贝的穿搭放心地交给我们。

2021年10月,团队做了整个项目基础的搭建。为了传递儿童穿搭的重要性,我们发起"素人宝贝打造"活动。元气泡泡不是一个简单的童装品牌,它有着更多的使命,它是温暖、有趣、有爱的,所以我们希望通过"素人宝贝打造"活动中所呈现的打造前后的对比,让父母更深刻地去理解穿搭给宝贝所带来的改变。

同时,我们提出了"在元气泡泡,每一位宝贝都是最闪亮的星星"的口号,请素人宝贝代言我们的产品,给普通小朋友一个舞台。我们希望为每一位宝贝发声,从而去传递和培养每一个孩子爱美的意识和理念。

经过近一年的沉淀后,我和团队伙伴开始进一步思考:元气泡泡能为孩子做更多有意义的事情吗?我们的产品该如何做出差异化,来吸引客户?

经过多轮头脑风暴,我们得出这样的结论:快乐的成长,不仅在于穿搭,更在于体验和记录。围绕这个核心思想,我们将打造一个充满欢乐体验和缤纷穿搭的元气主题王国,让孩子成长的每一刻,都在元气泡泡的营造与记录下,充满元气。

2022年7月,我们对外推出了第一期主题穿搭体验活动"一起趣踏浪"。从搭配符合主题且专业的服饰,到全城招募免费体验官并甄选合适的宝贝进行一对一形象打造等,活动圆满结束,并收获了所有参与活动的宝贝和宝妈的一致好评。

看着现场孩子们快乐地享受海浪与沙滩的场景,我和团队成员都倍感欣慰,顿觉此前所有的劳累都是值得的,再次坚定了做"儿童穿搭美学"事业的决心。

活动结束后,我们在抖音、小红书等平台进行了此次主题穿搭活动的宣发,如潮的后台咨询让我信心满满;同时,又接受Vogue Business 的采访,我下定决心做好元气泡泡,打造专注多元亲子生活新形态的儿童美学品牌。

我们相继推出"户外露营""马术穿搭体验官""游艇派对"等主题性的亲子穿搭活动。在一次又一次的成功案例中,我们的价值逐渐显现,越来越多的个人和机构来咨询合作和加盟,其中不乏知名的儿童摄影机构、儿童模特机构、儿童服装道具公司等。

结 束 语

　　元气泡泡带给我很多感动和爱,美好的品牌初心和愿景也吸引来了许多志同道合的创业同行者和团队伙伴。

　　一切都还在路上,一切都在往更美好、更元气的方向发展。我将带领元气泡泡,把爱与美的教育一直延续下去,把儿童穿搭美学的意义传递出去!

　　因为元气泡泡儿童美学已经不是一个只提供儿童穿搭服务的服装品牌,而是一个带着使命感与教育意义的造梦平台,一个记录孩子成长高光时刻的童梦王国。

　　欢迎加入元气泡泡王国,一起带宝贝发现美、创造美、传递美。

雪松

儿童作家导师

人格IP精神领袖

百万人读《大学》大型公益活动联合发起人

扫码加好友

雪松 BESTdisc 行为特征分析报告
ISD 型
1级 **工作压力** 行为风格差异等级

新商业女性 New Business Women
报告日期：2022年07月22日
测评用时：22分51秒（建议用时：8分钟）

BESTdisc曲线

自然状态下的雪松

工作场景中的雪松

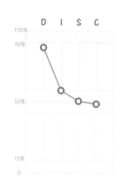
雪松在压力下的行为变化

D-Dominance(掌控支配型)　I-Influence(社交影响型)　S-Steadiness(稳健支持型)　C-Compliance(谨慎分析型)

　　雪松常常能坦陈个人的信念和情感，与各种各样的人保持良好的关系；雪松工作时以身作则，重视并表现出技术性的专长；她像是天生的领袖，能引导别人接纳自己的思维方式，组织好人，朝正确的方向前进；一旦内心孕育的想法确定下来，雪松就会坚持己见，不轻易改变；只要认定是有意义的事，她就会坚持下去，贯彻始终。

看似是缺失，实则是收获

"80后"的我,是一个6岁女宝的妈妈。我的人生很普通,却有很多不平常的经历。

不良客户想要自杀,我帮助他重获新生

2018年6月,我负责管理单位的不良清收业务,其中一个小微贷客户让我印象深刻。

他是一位32岁的男子,黝黑的皮肤,留着寸头,鹰钩鼻子,浓眉大眼。我第一次给他打电话时,他情绪非常激动,说:"我被骗

了，100万元贷款我1分没拿到，全被人骗走了！谁来找我要钱，我就杀了谁！反正我也不想活了！"

听到他那样说，我很震惊，也很害怕，我故作镇定地说："我特别理解你的心情，如果这件事情发生在我身上，我也会和你一样气愤。"为了安慰他，我也是拼了，继续说："不过你有没有想过你的家人？如果你那样做了，你的父母失去了你这个儿子，他们心里会多么痛苦。"

这时，他更加激动了，说："我的父母都是低保户，就是因为这个事情，我的父亲得了重病，没有钱看病！"我说："只要生命在，钱可以随时挣，你也可以通过努力，让你的父母过上好的生活，给父亲看病。"

我还告诉他不还银行欠款的后果——会成为失信被执行人，不能坐高铁和飞机，只能坐绿皮火车。不能住星级酒店，被限制高消费，还会影响子女上学。

在我给他打过两三次电话后，他的情绪由对立和激动，逐渐变得平和，还主动把每个月除生活费以外的工资都用来还款。他父亲生病，想从国外买药，我帮他查询国外的对症药物。

后来，征信政策出台，我马上告诉他："只要还清银行欠款，征信上的不良记录会在几年内消除。"他大受鼓舞，很感谢我，他努力工作，更加积极地赚钱还款。

最后，他用三年时间把欠的贷款都还上了，从此过上了新的生活。因为他放下了这一段过往，不再追究谁对谁错，选择为自己签名贷款的事情负全部的责任。

人生经历的挫折，能让人成长。每个人都会经历磨难，唐僧取经都经过了九九八十一难。把难关克服了以后，就会越来越好，开始新的生活。

儿时缺失的爱，
双倍赋予女儿

为了响应国家的计划生育政策，"80后"的我，成了家里的独生女。

从幼儿园开始，只要爸爸妈妈都出门去，就会把我一个人锁在家里。我家住一楼，窗户有铁栏杆，窗前是卖菜的市场。看着窗外来往买菜和卖菜的人，我感到特别孤独。

我很喜欢看带图的书。有一次路过报刊亭，我看到一本特别精美的图册，我对妈妈说想要买下来，她说每天上班很忙，没有那么多时间和精力给我讲故事。

为了弥补这个遗憾，从女儿3个月开始，我就利用下班和周末的时间给女儿读各种中英文童书,包括天文、地理、文学、哲学、历史、物理、化学、数学、国学、德育、情商、财商、领导力等等。6年时间,一共读了 3295 本。

现在,女儿的理解能力很强,经常出口成章,语出惊人。2 岁就能看图讲故事;3 岁就能自己改编灰姑娘的英文故事;4 岁就能自创五言律诗;5 岁就能用一天时间背下课本剧全稿,自己表演多角色话剧;6 岁就能自创手绘连载故事。

以下是她用半小时完成的手绘故事《寻宝少年队邓国寻宝记》。

果果刚出饭店,就看见了一个奇怪的人,她叫邓曼,身后还跟着一只兔子。

果果觉得很奇怪,就问她们:"你们是谁呀?怎么怪怪的?"

邓曼笑着回答说:"我叫邓曼,邓国人,穿越时空的秘密宝物把我带到了这个奇怪的世界。我很着急,想回去见楚武王。"

果果奇怪地问:"楚武王是谁呀?"

邓曼笑着说:"楚武王是我的丈夫。"

果果说:"那你身后的穿着衣服的兔子又是什么玩意?"

邓曼笑着说:"这是我的兔子,它叫火火兔。"

果果说:"古代不是没有穿着衣服的兔子吗? 你怎么就有?"

邓曼说:"它之所以这么怪,其实不是我拥有的兔子呢!"

果果问:"那又是怎么得来的?"

邓曼说:"你们大街那栋大楼都挂着寻宝少年队的牌,我就是在那里找到的这只奇怪的兔子,于是就把它带在我身边。"

下雨啦,邓曼着急地跑到了穿越时空的秘密通道里,一点穿越时空的秘密机器,嗖的一下,穿越到了楚武王跟前。

第三章 相信梦想的力量,建设美好的世界

再说果果她们在寻宝少年队的秘密基地,开始谈论起了怎么避雨,只有秦博士没有吭声。

最后,秦博士说道:"有你们讨论的时间,雨都下完啦!"说完,秦博士就气冲冲地走远啦。

可是果果还在一直想:这该怎么办呢?

突然,火火兔打了一把雨伞,说道:"你想避雨,可以在我的雨伞下避雨,就安全啦,你也不会浇湿的。"

果果高兴地躲在了火火兔雨伞的下面。

不一会儿,雨就停啦,果果高兴地一溜烟儿就跑得不见踪影啦。

火火兔也把雨伞放在了家里,高兴地走啦。

雨停啦,谁也没有来啦,只有蜻蜓和蝴蝶在空中飞舞。

慢慢地,太阳落山啦,天黑啦,大家睡起了觉,呼噜噜,呼噜噜,呼噜噜……

开启线上读书会, 陪伴孩子成长

朋友们看到我女儿读那么多书,都很惊叹。

有朋友向我要儿童阅读书单。于是,我开办了21天100本中英文童书线上读书会,解放父母的双手,孩子我来带,陪伴孩子线上共读我家的上万本中英文童书。

一位家长为她4岁和5岁的女儿报名了读书会。她们曾经都不爱看书,每天晚上都要看动画片,只要不让看动画片,她们就哭,但读书会进行到第8天,因为爸爸带两个女儿在外面玩,错过了我的读书会,4岁的女儿哭了好久。

第14天时,她们已经养成了爱看书的好习惯,姐妹俩争着拿书给我讲故事。姐姐的阅读能力有很大提升,有时能够回答大姐姐们提出的问题。妈妈说:"还好遇见你,专业的事情交给专业的人做。我的工作比较忙,顾不上孩子,你的读书会很赞,正好做了我做不到的事情。谢谢你每天的付出,用爱心、耐心来陪伴我的孩子!"

一个8岁的女宝很喜欢画画,但是不会自己创作故事,妈妈想让她成为儿童小作家。女宝非常喜欢我的读书会,每天都是第一个来到课堂,每次都认真完成我的读书会作业。21天后,她从改编到自己创作故事;通过每天诵读《论语》和德育故事,她爱上帮妈妈干活;去同学家玩,也会一起择菜。妈妈说:"孩子每天都盼着晚上的读书会,打心里享受阅读过程。雪松老师真的好会讲故事,声情并茂,语气抑扬顿挫,非常有画面感。谢谢雪松老师的无私付出和对孩子的鼓励!"

有一个9岁的男宝,之前只喜欢看军事书籍,来到我的读书会后,开启了全科阅读,文学、国学、科学、英语等书都阅读。跟读英文以后,发音也标准了。他妈妈说:"儿子每天7点半准时上线,他很喜欢这种场域,能给他一个展示自己的平台,还有老师和同学们的认可。我每天这个时候都是很轻松的。"

还有一位宝妈有两个女儿。老大每天看电视,老二坐不住,不喜欢学习。第一次来我的线上读书会时,老大一直用手捂着脸,一句话也不说。结营时,妈妈说,老大变得很喜欢交流,经常主动给我发微信聊天;老二发挥天赋,从学渣慢慢变成了学霸。之前,姐妹俩跟妈妈没有过真正的交流,参加我的儿童读书会之后,孩子们有一次跟妈妈交流了半小时,妈妈打电话告诉我,兴奋地说:"我很开心!"

因为小时候的经历,我特别注重与孩子的心灵交流。我举办线上童书读书会,就是想帮助更多孩子敞开心扉,陪伴和引领他们成长,让他们发挥天赋、活出自己。

举办公益活动,提升能量,收获福报

2022年10月,我联合发起百万人读《大学》大型公益活动,几天内招募到200多位朋友,每天朗读和抄写《大学》,内化并提升自己的能量。我还录制了中英文版《大学》语音课程,并且在社群内进行多次分享。

读国学经典,学习古人的智慧,让我的生活变得更好。以前经常半夜才睡觉,第二天感觉身心疲惫。读《大学》后,我养成了早睡早起的好习惯,晚上10点前睡觉,第二天感觉精力充沛,效率更高。有规律的生活,是良好生命状态的保证。女儿也有了很大变化,自理能力更强了,开始自己洗衣服等等。

很多朋友因为读《大学》而受益,每天赞美自己的伴侣和孩子,家庭更和谐、幸福。连续7天不发火、不愤怒、不抱怨、不恐惧,"修身齐家治国平天下",先修心修身,把家庭弄好了,事业就好了。

群里一位小伙伴说他变得有觉察力,曾经靠喝酒,现在靠阅读。还有一位幼师朋友说,"你的光照到了我,很温暖"。一位小伙伴看了我的中英文读《大学》课程后说:"讲得也太好了吧,我听得入迷了。角色扮演得也太好了。"

这个公益活动,看似没有获得收入,实际上我收获的福报很多。帮助那么多小伙伴提升能量,让家庭关系变得和谐,我也是非常开心的。

结 束 语

我从小就喜欢莲花,"出淤泥而不染,濯清涟而不妖"。无论周围环境怎么样,希望我们都勇敢地做个纯洁、纯粹的人,坚韧又有力量。

我特别喜欢做的事情就是赋能、陪伴、引领他人成长,把人们变得内心向善、积极美好。无论遇到任何事情,都往好处想。

看似是缺失,实则是收获。

第四章

找到生命的意义，过值得的人生

香芸

500强企业管理者

成长赋能教练

中文大使

扫码加好友

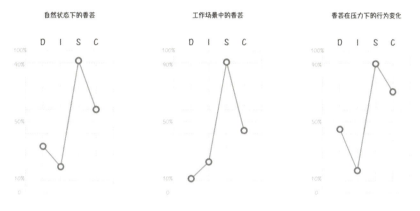

在处理所有事务时，香芸通常是深思熟虑、行事稳重、细致周到和有耐心的；无论是对人，还是对事，她都喜欢追求高标准、严要求；她敏感、内省，善于洞察和分析出现问题和麻烦的可能性；一旦开始了任务，她尽责且忠心，会坚持不懈地完成任务；她以规章制度为导向，支持组织结构、权力或程序；她含蓄、深刻、处处希望顾及他人的需求和感受。

活出自己的生命意义

生命的意义究竟是什么?这个问题很大,也很难。我不是哲学家,也没有伟大的理想,但是,在我人生的每个阶段,似乎冥冥中都有了安排。

小时候的生命意义

"叮铃铃……"

放学的铃声响了,我和同学们涌出了教室,排成两行,手拉着手放学回家。每天,我们都会走过一条长长的林荫小路,穿过一条通往外界的"高速公路"后,就是一片广阔的麦田。

我们总会在这里停下来,在垄上跑来跑去。一会儿,这边有个小脑袋探出来;一会儿,那边又有个小脑袋探出来,像打地鼠游戏一样。我们就这样嘻嘻哈哈地回到大院里。

写完作业后,大家又来集合了,一起踢毽子,一起跳皮筋,一起跳方格,叽叽喳喳,直到天色渐晚,才陆续回家。

小伙伴都回家以后,我独自一人坐在大门口,眼睛直盯着路口,直到有个人影映入眼帘,我急忙飞奔过去。她就是我的母亲,后背背着两袋子猪食菜。随着岁月的流逝,这些猪食菜已经压弯了母亲的背。

母亲剁好满满的两大盆菜,用玉米面拌一下,拿到院子里喂猪、鸡、鸭和鹅,然后我们再一起把它们赶进窝里,以免晚上有黄鼠狼来偷袭。

忙完这些,母亲才开始准备晚饭。我蹲在她身边,一边帮着添火,一边唠叨白天发生的一切事情。大大的面团在母亲的手里揉来揉去,再被搓成一个个圆圆的小面团,放在蒸屉上,盖上屉布,紧接着下锅炒菜。我最爱吃母亲做的油豆角,软软的、面面的,香极了。

其实,我非常害怕黑夜降临,因为父亲常年在外打工,只有我和母亲两人在家。母亲四岁时,外婆就去世了,从小就失去了母爱。我特别心疼母亲,发誓要做母亲的保护伞,做她的小棉袄,谁也别想欺负她,所以,谁要是说我母亲的不好,我都会和他拼命。

第四章 找到生命的意义,过值得的人生

"咳咳咳……"每天早晨四五点钟,母亲都会咳好一阵,我下床给她倒了一杯水。母亲生下弟弟后,就落下了这个咳嗽的月子病。听老人们讲,这种月子病最难治,到老了,咳嗽特别遭罪。听了这些,我心里特别不舒服,心想我要好好学习,长大了找方法来治疗母亲的病。

母亲常说,家里没什么条件,也没有认识的人,以后凡事得靠自己了。为了不让母亲担心,我努力读书,暗暗下定决心,将来靠自己好好生活。

同学们都说我吃得没他们好,穿得没他们好,就是学习比他们好。因为,我心中有一个梦想,就是要让父母能过上幸福、健康的生活。

这就是我小时候的生命意义。

大学期间的生命意义

结束了高考走独木桥的岁月,开启了丰富多彩的大学生活。这一切,对于我来说,一切都是那么新奇。

还记得竞选班干部时,我想,大事有班长,那就做好政委,给大家温暖的支持。于是,我竞选了团支部书记。

在上台演讲前,我问自己:做团支部书记,是为了自己吗?不是,我是为了更好地服务大家,更好地搭建同学与学校、同学与社团、同学与社会的桥梁。

最终,我赢得了这次竞选,得到了这个为大家服务的机会,也体会到了服务的乐趣、贡献价值的成就感和幸福感。

每次社团举办对大家有益的活动,我都会第一时间通知大家,并且详细地介绍。这样,我和同学们结下了珍贵的友谊。

这就是我大学期间的生命意义。

职场中的生命意义

褪去大学生的稚嫩,进入职场第一站。非常幸运的是,我进入了一家世界500强大型药品生产企业。

刚入职的时候,恰逢电视台采访老板,问他关于企业和企业文化的问题。作为新入职的员工,我们也有幸聆听了采访,印象最深刻的是老板说的一句话:"一支针,两条命——患者的生命,同时也是企业的生命。"我时刻铭记着这句话,确保每一支药要安全、有效地为患者送去健康。保证生产合格药品,为患者送去健康,这是我至高无上的使命。

公司安排了一次关于职场规划的课程。我的规划是什么?未来三年、五年,我会成为什么样的人?未来十年,我要成为什么样的人?我陷入了深思。

平时和车间员工们聊天,听他们讲领导们的故事,我都会很感动,于是,领导们的样子就成了我奋斗的目标,领导们成了我的标杆和榜样。

如何才能成为像他们一样的领导者呢?我恶补了很多管理技能、业务技能、财务技能和沟通技能,也阅读了彼得·德鲁克大师和稻盛和夫先生的书籍,并把学到的知识在工作中践行,努力把事情做到极致。

有一次,为了通过澳大利亚的一个检查,我和同事们一起研究标准、落地执行。从计划到纠偏,再到检查,历时几个月,最终获得了澳大利亚官方和领导们的一致好评,我也因此成为同一批入职员工中最早进入管理层的人。

晋升,对于我来说是一种责任和使命。每天工作的意义又是什么呢?是把产品做到极致,还是把管理做到极致?我陷入了深深的沉思。

每天早上,从办公室的窗户向外望去,是员工在大门口排着整齐的队伍打卡上班的景象。每天的工作占据了员工大部分的时间。如何才能让他们更好地生活和工作呢?如何才能让他们活出自己?

300多名员工,300多个家庭,每个人的家庭都是上有老,下有小。他们是家里的顶梁柱,也是单位的顶梁柱。对于他们来说,工作非常重要,家庭也至关重要,家庭和谐与否对于工作来说也相当重要。于是,我开始关注每一名员工的喜怒哀乐,尽自己的能力为他们解忧。

如果发现有些员工心情比较低落,我和班组长们就会找他们聊天,让他们感受到这个大家庭的温暖。

工作的时候,同事间如果有不同意见或者产生了某些矛盾的时候,我也及时出面协调,解决他们的冲突,让他们释放当下郁闷的情绪,开心工作。

新来的大学生,大多和我一样,离开家乡来到这个陌生的城市,为了自己人生而打拼,他们的父母也盼望着他们能早日出人头地。我也会和他们聊聊未来的职业规划,和他们分享自己的人生经验,陪伴他们成长。

管理好事情的同时,更重要的是以人为中心,看到一个个活生生的人背后每个真实的需求。把工作当成修行,成人达己。

这就是我在职场中的生命意义。

当妈妈后的生命意义

结婚后,我迎来了第一个宝宝。当护士把这个小生命抱到我怀里时,他立马就不哭了。刚刚来到这个陌生的世界,听到母亲的心跳,有了母亲的陪伴,他感觉到了安全。

我抚摸着他的小脚丫,母爱油然而生。我的小宝贝,此生感谢你选择了妈妈,妈妈一定把所有的爱都给你,不让你受一点点的委屈。

小宝贝有时候会大哭,有时候紧紧握着我的手,有时候小手小脚一动一动的,非常可爱。我又陷入了沉思,面对这样的小生命,我该如何呵护他,如何照顾他,如何跟他说话?应该和他做什么游戏呢?我一无所知。

于是,我就开始了育儿之路的探索。

第一次给宝宝剪指甲,第一次给小宝宝剃头发,第一次给小宝宝拍满月照,第一次带小宝宝认识颜色,第一次陪宝宝学爬行,第一次带宝宝上早教。我还对着指标来观察宝宝每一个月的生长情况。

还记得产假结束、上班的前一个晚上,想到第一次与宝宝分离,我的心情非常复杂。下班后,就马上飞奔回家去抱抱他,亲亲他的小脸蛋,摸摸他的小脚丫,好像好久好久没见的感觉。

每一次与宝宝的短暂分离,都迎来他成长的一大步。孩子不断成长的过程就是不断放手的过程,我的心里非常不舍,又非常纠结。作为一个母亲,就要学会去放手,才能够让孩子走向他更广阔的蓝天,去进行生命的绽放。

为宝宝选幼儿园的时候,我把幼儿园里里外外都勘查了一遍,提前带宝宝去适应环境,还找了很多宝宝上幼儿园的书籍,学习如何缓解宝宝的分离焦虑。

曾经的我,不想生二胎,只想把全部的爱都给他。有一次,带他去淘气堡,看到其他的小朋友都有自己的兄弟姐妹一起玩耍,我突然感受到这个小生命好孤单。他未来人生的路上,如果有个兄弟姐妹一起做伴,应该能缓解很多的压力。于是,我决定再生一个。

二宝出生,要住院几天。为了不让他伤心,我告诉他要出差几天,回来的时候带一个小弟弟。

每天他放学回家,进家门的第一时间,我都会给他一个大大的拥抱,让他知道他得到的爱不会因为弟弟的到来而少一点。我想让兄弟俩互相帮助,在以后的人生路上一直结伴前行,妈妈的爱不会少,却多了至亲的兄弟的爱。

弟弟非常喜欢哥哥,每一天都要跟着哥哥跑来跑去,哥哥去哪儿,就跟到哪儿,还"哥哥哥哥"地叫着。他还时刻想着哥哥,当妈妈不给哥哥看平板电脑的时候,弟弟就出场了,抢了平板给哥哥,有吃的也想着分给哥哥。

哥哥也做了一个很好的榜样。时常带着弟弟出去玩,虽然有时也有一些不情愿,但还是把弟弟照顾得很好。看着兄弟手牵手的背影,着实让人非常感动。虽然有时候他们也会争吵,也会打架,但也许越打越亲,长大以后都是难忘的回忆。

我喜欢研究孩子成长的规律,抓住每一个敏感期,了解孩子的特点和天赋,着重培养,支持陪伴孩子,发挥他们的优势。

幸运的是,宝宝在早期音乐启蒙的时候,遇到了一位特别好的老师,和蔼可亲,还会因材施教。宝宝也与老师有非常深的缘分,一直开心地坚持学习,在九岁的时候顺利考过了钢琴十级。

了解孩子的天赋,陪伴他们,按照他们的节奏成长,给予适当的引导,在后面支持他们,静待花开。

这就是我当妈妈后的生命意义。

结 束 语

小时候,保护妈妈是我的生命意义;在大学里,助人为乐是我的生命意义;在职场中,成己达人是我的生命意义;结婚后,把孩子培养得十分优秀,是我的生命意义。

现在,我开启了新的征程——创业,因为对生命不懈追求的热情,我要去探索人生更多的可能性。未来,希望能帮助那些曾经和我一样的人,一起探索生命的意义,探索人生无限的可能性,活出丰富多彩的人生。

孔迪

曼陀罗人生解读导师
中小学生学习力提分专家
曼陀罗优教育方案训练导师

扫码加好友

孔迪 BESTdisc 行为特征分析报告
ISC 型
1级　**工作压力** 行为风格差异等级

新商业女性New Business Women
报告日期：2022年07月25日
测评用时：05分37秒（建议用时：8分钟）

BESTdisc曲线

自然状态下的孔迪

工作场景中的孔迪

孔迪在压力下的行为变化

D-Dominance(掌控支配型)　I-Influence(社交影响型)　S-Steadiness(稳健支持型)　C-Compliance(谨慎分析型)

　　精通人际交往的孔迪常常能坦陈个人的信念和情感，与各种各样的人保持良好的关系；她会给别人自由，能营造出一种让别人愿意做到最好的氛围，或者轻松化解高度紧张的气氛；她重视实际和分析，追求准确性，主要关注的是事实和数据，愿意通过实际应用去了解意念和理论。

建设好自己是女人幸福一生的密码

二十三岁的少女,穿着蓝色的银行制服,端坐在国有银行大厦二楼信贷办公室里,一边缓缓地喝着冒热气的红茶,一边审阅厚厚的项目报告书,每天过亿元资产的数据在指尖滑过……

这位少女就是我,充满自信与期盼。两年后,领导对我说:"恭喜你,晋升为国际业务部信贷部经理!"工作的顺利让我的内心充满价值感。

现在,我有一个伟大的梦想,就是赋能25万女性发现幸福密码,让生活充满爱。

奔向爱情，
却熬成了黄脸婆

老公，曾经是我的客户。有一天，他对我说："我欣赏你很久了，做我女朋友吧！"

面对表白，我立马奔向了爱情。经过甜蜜的恋爱，步入围城，结婚后的第二年，生下属于我们的爱情结晶。

我放弃年薪25万元的银行高管工作，甘愿成为贤妻良母，从此生活重心就转移到了家庭上，成为"三转女人"，忘记打扮，忘记成长。老公出门上班，下班回家，印象中的我都是穿着睡衣，唯一不同的是多了一身的葱姜蒜味。

很快，我与社会脱轨了，内心也开始缺乏安全感。

为了寻求肯定，我开始潜心研究菜式，从客家菜系的梅菜扣肉、冬菇焖鸡、肉末酿豆腐到湖北菜系的粉蒸排骨、醋熘土豆丝、香炸滑肉，想拴住他的胃；把地板擦得锃亮，几乎可以当镜子照，来获取他的欢心。可是，不断把主动权交给家庭的我，却把自己拴在家里，慢慢地，我的付出得不到任何的回应，生活里只剩深深的挫败感。

当了五年全职太太,经济来源全是手心向上。

有一天,妈妈从县城老家给我打电话说:"女儿,最近一直下龙舟雨,家里厨房有点漏水,需要8000块钱修缮屋顶,家里没什么钱,你可不可以凑一点呀?"当父母需要钱的时候,我居然不好意思开口找老公要钱,只好对妈妈表示自己能力有限。

不知从什么时候开始,老公每天的脸色就是我的心情天气预报。

有一次,陪老公外出应酬,我兴高采烈地准备出门,他说:"赶紧回去换,这套不好看!"一盆冷水浇在头上,让我不断地自我攻击,对自己产生怀疑,心底总是有个声音冒出来:"你生完孩子,身材变形,穿什么都是不好看的!"

孩子生病,半夜发烧,我在内心焦虑、熬夜陪护的同时,还要忍受着老公不断的抱怨,说我没把孩子照顾好。天哪,我不停地问自己:"孔迪,你这日子还能过下去吗?你到底要成为怎样的人?过怎样的生活?"

我开始变得越来越自卑,不敢和父母倾诉,不想和兄长联系,不愿和同学闲聊,怕他们心痛,怕他们有负担,怕他们戴着有色眼镜看我。在夜里偷偷抹眼泪的我,饱受情绪压力的折磨,我的人生跌入低谷。就这样,我不知不觉地熬成了黄脸婆。

投奔商海，
重获独立与自信

都说，女人只有经济独立，人格才能独立。在女儿三岁进入幼儿园后，我有一些空余时间，所以，我想拥有一份独立的收入。

33岁的我不顾一切，奋身投奔商海，加入纯女性美资化妆品公司。我像脱缰野马般疯狂努力，成为全国高级经销商，帮助1000名女性由内到外变得美丽、自信。

两年后，我获得了公司年度最高荣誉奖——一辆轿车。在颁奖典礼上，轿车在礼炮声中缓缓开进会场。我穿着一袭白色的羽毛编织的拖地晚礼服，由戴着白手套的礼仪先生挽着手，缓缓地登上布满鲜花的舞台，无数的闪光灯让我陶醉！

我是自立、自强、自尊、自爱、自信的女人！

站在舞台上被万人认可的这一刻，深深地唤醒了我的人生使命——我是孔子第76代令字辈孙，帮助女性成长是我一生要做的事！

教育事业挽回失落的婚姻

在人生的高光时刻,当我准备奔向下一个目标的时候,丈夫却不理解我的人生追求。在他眼中的我是自私的,只有目标,不顾家庭,他希望我仍是那个在家里乖乖等着他回家的女人。这让我陷入内心考问当中。

我不想放弃我的梦想与成长。从自由恋爱到选择相守,怎么就走到了今天?痛定思痛,我放弃了团队,回归了家庭,暂时缓解了充满硝烟的夫妻关系。

但是我没有一蹶不振,而是更加重视全方位地提升自己。在孔子第76代令字辈孙的使命召唤下,我全身心投入教育事业。运用在银行工作的商业思维,精心运营一家曼陀罗家庭幸福心理学公司。一边邀请港澳地区和国外的高级导师答疑授课,一边开启向内求的自我成长之路。

我重新认识人生的意义,做到了经济独立与人格独立,不再是依附丈夫生长的菟丝花。拥有了曼陀罗八大平衡轮圈的底层逻辑,我们重回爱情的怀抱,丈夫的事业也一路凯歌。

是的,经过时间的沉淀,我们都成了更好的自己,独立又相互依赖,成为更契合彼此灵魂的人。这次,他爱上的不仅仅是我的外表,更是我坚韧的内心,以及我作为女性对生活的态度。

迈入四十岁的时候,我们把家安在了广州的一栋联排别墅——小红楼,这是一个温馨的家。映入眼帘的是,院子的左前方种有一棵四季常开的三角梅,巷子里的茉莉花散发着淡淡的清香,黑色铁艺的栅栏旁有一株芳香浓郁的红玫瑰,邻墙边还有一排翠绿的竹子。

每天清晨,一群小鸟相约而来,叽叽喳喳在嘉宝树上吃新鲜的果子。黄昏时,老公喜欢在惬意的小院里练养生操。女儿自信大方,从高一到高三,连续三年都是毕业典礼千人会场的双语主持人。2020年,女儿被全球QS排名前15的英国爱丁堡大学录取!

幸福家庭生活的密码

拥有这一切,我开始仔细复盘自己走过的每一个阶段,总结发现,女性的一生需要演绎职场的自己、父母的女儿、丈夫的妻子、孩子的母亲这四大角色,而在不同的阶段,需要用正确的方法及时调整自己的生活和工作的重心。如何围绕心灵和谐、家庭幸福、美丽自信、人际关系、学习成长、健康休闲、财务独立、成就荣耀,这八大方面去持续发展,是女性一生的追求。

还记得被采访的时候,主持人问我:"到目前为止,你最值得骄傲的事情是什么?"此刻,在我身边专注泡茶的丈夫说:"老婆,你最值得骄傲的事情就是培养了一位优秀的女儿,同时还把老公引领到了一条自我学习、成长、改变之路上!老婆,你是我一生最大的安全感!"

在我主办的一次"曼陀罗关系疗愈"国际课程上,一位55岁、焦虑不安的学员突然号啕大哭:"爸爸啊,我的爸爸啊,我好想你呀!你还能听得见吗?"她说,从5岁开始记事时,爸爸老凶她、吼她,而这一刻,通过心灵曼陀罗的绘制,她和已经离世的爸爸修复了关系。我忽然发现,教育最要紧的事情是去帮助儿童拥有幸福的童年。

于是,我在2009年成立了曼陀罗家庭树成长中心,专注研究如何提升儿童的品格力和专注力;研究脑科学里面的幸福密码,打通通往幸福家庭生活的任督二脉;研发一套适合新时代女性在家高效相夫教子的实操方法——《曼陀罗优教育方案》。给有需要的孩子进行个性化测评,制定0—3岁、3—6岁、6—12岁、12—18岁的专注力、品格力、学习力训练方案,调整和解决孩子胆小怕事、退缩不自信、输不起、有起床气、动不动爱打人、逻辑差、专注力差、迷恋手机游戏等等行为偏差问题,为"生病的家庭树"抓虫、施肥、松土。

从2019年12月到2022年7月疫情期间,有效缓解了1000个家庭的夫妻矛盾和亲子矛盾,取得了一定的社会成果。所以,从2022年9月开始,我们运用可复制的顾问式传播系统,在广东的200所幼儿园开展"大三育园长之家幼师成长公益项目",进行师资培训,目前已经直接和间接帮助了3000个家庭摆脱家庭亲密关系的困惑,重新获得幸福密码。

结 束 语

为了帮助女性全方位地成长、成熟和成功,我和团队成立曼陀罗新女性·成长美学机构,开始搭建"新女性-曼陀罗成长圈"纯女性社群,专注研究婚姻情感、两性发展、孩子教育,传播新时代女性相夫教子的美学智慧。

利用神奇的曼陀罗,解读你的人生卡点,拆解和梳理家庭中婚姻关系、亲子关系、婆媳关系等错综复杂的逻辑,快速找出扭转局面的关键节点;通过"曼陀罗情绪清理营"线上一元公益课堂,全情陪伴和赋能妈妈们拥有心力,担起妻子的角色,经营好婚姻;通过曼陀罗亲子认知课程,调整妈妈与孩子的沟通模式,让孩子成为最大的受益者!同时培养一批曼陀罗人生解读教练,建立纯女性的事业生态圈。

建设好自己是女人幸福一生的密码。我希望能赋能25万名女性发现幸福密码,让生活充满爱——作为妻子,可以与先生谈一场不分手的恋爱;作为妈妈,可以让孩子露出幸福的笑脸;作为教育工作者,可以让幸福密码传遍千家万户。

新女性-曼陀罗成长圈,正在全球寻找本地圈的共建者,期待与你相遇,一起开启和传播幸福的密码。

宋宋

财富管理私人顾问
"卓越女主人必修的财富管理"课程导师
资深保险三方顾问

扫码加好友

宋宋 BESTdisc 行为特征分析报告
CD 型
8级　**工作压力**　行为风格差异等级

新商业女性 New Business Women

报告日期：2022年10月28日
测评用时：09分28秒（建议用时：8分钟）

BESTdisc曲线

自然状态下的宋宋

工作场景中的宋宋

宋宋在压力下的行为变化

D-Dominance(掌控支配型)　I-Influence(社交影响型)　S-Steadiness(稳健支持型)　C-Compliance(谨慎分析型)

    宋宋非常注重最后的结果，有影响力，敏感，能高效地利用技术和专业知识对质量产生积极影响；她会驱动自己迅速地做决定，以达成结果；她精确而有逻辑性、善于分析，会透彻地思考，并且仔细地制定计划；她追求完美，在知识和能力方面，严格要求自己，又有非常高的水准，重视自己和别人的知识和专业能力。

我爱钱，更爱你

和大多数中国的"70后"不一样，我出生在一个原本并不缺钱的家庭。父母是老三届本科毕业生，生于20世纪30、40年代的伯伯、舅舅、姨妈、姨父都是大学本科生。

父亲在30多年前就是一家年营业额达数亿元的国企老总，母亲是企业管理者。记忆中，在20世纪80年代末，我家已经配置了彩电、空调、冰箱、录像机等家电了。

我这个家境殷实的江南女子，本该过上顺遂、幸福的生活才对，也许是为了让我拥有真正属于自己的人生财富、深刻理解财富与爱的关系，命运给我安排了一个小反转。

给予结出爱的硕果

关系、金钱,这两个本应为生命提供充足养分的重要资源,在我童年最需要它们时,却支离破碎、匮乏不堪。

母亲拥有高学历,但缺乏生活智慧,她把质量监督工作的职业特点在家庭生活中发挥得淋漓尽致:父亲当年傲人的成绩给她带来的是不安和控制;对失去金钱的恐惧让她总是害怕花钱,惜物远远大于惜人。她似乎一直没算计明白,金钱除了可以购买尽可能便宜的实物,还可以置换宝贵的情绪价值。

父母之间尖锐的情感摩擦,以及自力更生的成长理念,让他们对我和姐姐都不知如何给予爱、传递爱。姐姐深陷在父母从情感破裂到彼此疯狂撕扯的旋涡中,差点为此付出了生命;而我在初中就早早离家求学,拼命逃离没有爱意的成长空间。

母亲在和父亲闹离婚的过程中,成功地把他从官位上拉下马。身无分文的他离开家乡,10年没再见我们。我结婚、生子、离异,每个重要的时刻,他都没在我身边。母亲几年后远嫁异乡,一辈子节俭、存下来的储蓄,年迈时在金融诈骗中化为乌有。

也许就是受这样的家庭环境的影响,在日渐觉醒的年纪,我开始了对金钱、财富、爱和生命的思考,去感悟财富的底层逻辑、金钱的本质和生命的意义。

大学毕业后,命运安排我来到深圳,成为驻守国门的一朵警花,工作安逸,收入稳定。简单枯燥的工作和内心的脆弱,让我匆匆陷入了办公室恋情,但它并没能给我足够的滋养。

我想创造出属于自己的美好。26岁的我选择暂别闲适,一头扎进了贵州贫困山区,成为一名山村支教老师。从警花到山花,我将所有的爱毫无保留地倾注到了那群生来贫苦的娃娃身上。缺水缺电、翻山越岭我不怕,出钱出力、呕心沥血我乐在其中。

无条件的给予结出爱的硕果,64个山里娃考出了17个大学生。在山区集中支教的日子结束后,我回到了依旧稳定、看似波澜不惊的女警岗位。

后来的他们,无论是性格、眼界,还是接受挑战的底气都比当地的同龄人更加友善、开阔和勇敢。这20多年来胜似家人的亲密关系,也持续温暖着我并不算平坦的人生。

工作之余,除了持续和学生鸿雁传书、年年积攒假期往返深贵两地,我多了一个爱的出口——我的儿子出生了。

金钱之于生命的意义

为了不重复父母无意识中给我和姐姐所造成的情感匮乏,以及母亲在金钱上害怕给予的负面个性,我对儿子付出了所有的母爱和力所能及的教育投入。

现在,我还清晰地记得陪儿子阅读各类经典绘本的场景:我一边大声朗读,一边声情并茂地扮演着不同的角色,常常逗得儿子笑得前仰后合。

儿子长大后,每一年的寒暑假,我都会送他去参加各种特色活动,从兴趣班到传统国学,从领导力培养到少年军事训练,从国内教育到海外生活,让他能够通过专业机构的赋能,以及更大社会面的影响,汲取更多成长的养分。

但是,如何才能让我自己的生命得到更好的滋养和成长,这个困惑一直在我心里萦绕。

32岁那年,我遇到了改变人生轨迹的经典商业课程——林伟贤老师的"我爱钱,更爱你",它向我第一次正面展示了金钱之于生命的意义、商业激发人类创造力的魅力。十多年后,我的儿子也成了这个课程的学员。

原来,获得金钱并不是艰难的事儿,主动让金钱流动能够带来价值的交互,焕发人类的创造力;爱钱,是一件美好的事,拥有更多钱,你就可以为身边人以及整个世界带去更多的爱和祝福。

于是,我下定决心离开一眼望到头的公务员编制,挑战未知的自己,迈向有更多生命延展空间的商海。

在我提交离职报告前,同事提醒我:"小宋啊,市值几百万元(现在已过千万元)的福利房,你再熬上几年,就要红本到手了。"

我只是轻轻地回了一句:"我的青春、成长、自由和梦想不只值几百万元。"

创业真的不容易。和所有在商战中打拼过的年轻人一样,我在商海辗转沉浮,看不清路在何方。寻找安身立命的商机,其实也是在寻找那个真正能够安驻内心的愿景和使命。这是在我进入财富管理行业很多年之后,才有的感悟。

37岁时,我被推荐购买了一份香港保险,于是,我加入了以保险三方为核心业务的国际财富管理行业。入行至今,11个年头,我用境外、国内全市场优选的保险工具,以及关联的基金、私行、法税、家族信托等,为数百位客户提供了围绕家庭长远规划、稳健现金流以及适当风险保障的财务解决方案。

因为踩中了境外保险在大陆盛行的风口,我曾经创造了年度规模保费近亿元的业务佳绩;也在实践国内保险三方的头几个月,就拿到了国内头部保经公司全国销售第5名。

财富和爱的关系

这些业绩一度给我带来颇为丰厚的收入,但似乎并没有给我的内心带来特别的喜悦和憧憬。客户在我分身乏术的业务拓展中,成交了,又疏离了;渠道在市场无情的竞争中,合作了,又不欢而散了。

业绩起起伏伏,身心疲惫不堪。停下来回首这些年,自己除了工作,似乎已经没有了生活。

我开始思考,顶着财富管理顾问的职业标签,难道为客户优选了部分保险、配置了一些资产,就可以称得上为他们做好财富管理了吗?财富管理的终极目标到底是什么?财富管理的核心到底在哪里?占据了大量时间、精力的工作,到底如何才能为我的生命带来足够的意义?什么时候,我才能像我给客户描述的那样,不再为钱而工作,而是为爱而生活?

带着这样的迷茫和探索,我遇到了"新商业女性"生态圈。

说它是生态再准确不过了,因为在这儿,没有谁因为看似是太阳或大树,而成为唯一的中心;来自不同地域、国家,处在不同阶段、处境,怀揣不同梦想的万千女性,被看不见却强大的能量吸引、汇聚、驻足,然后彼此照见、荫护,相互滋养、扶持,然后循着各自的节奏,构成姿态各异,却生机盎然、充满无限可能的商业大生态。

你将在这本书中,看到百花齐放、摇曳生姿的她们,那种在场域中破壳、重生、进化、迭代、绽放、反哺、共创、跃迁的奇迹般的成长故事,一定会令你由衷赞叹,并被深深吸引。

非常幸运,我能成为生态中的一分子。更加让我感恩的是,它让我真正懂得了财富和爱的关系,同时也找到了工作的意义和持续努力的方向。

不难看见,如今社会绝大多数人都和曾经的我一样,在为生存或者看起来更好些的生存,一刻不停地奔跑。商业成为人们兑现金钱的平台,也成为不得不放下亲情、友情,忽视生活、健康,忘却自我、梦想的借口。每个人都向往财富,却都活成了挣钱的工具人。

财富是什么?仅仅只是账户里上下起伏的数字吗?房子、车子在市场的估值吗?少有人在真正思考。

金钱是什么?难道它的出现,不是为了让这个世界将彼此所需、彼此所爱相互流通和给予的吗?少有人去尝试看见。

但是,在新商乌托邦似的商业价值体系中,我看到了越来越清晰的美好场景。在这里,没有事先就设计精巧的商业模式,没有提前就业绩明确的项目落地,更没有因利益交割而明争暗抢的关系纠纷和商业撕扯。这里有的是建立在真正的需求与供给、成长与迭代、赋能与支持而往返回流的财富与爱。

而我，也在这个充满安全和爱、信任与和谐的场域中找到了对于财富管理更好的解读，那就是理解"财富源于价值"的底层逻辑、看清"金钱交互爱"的本质、学会"成为资产的合格主人"，用价值创造、精进成长和主动管理，为社会贡献、与自我和解、对生命负责。

在我的字典里，"保险"不再是试图躲避人生无常的避风港，而成为献给那些因无常而陷入财务困境中的人的涓涓细流；"家族信托"不再是有钱人用于转移资产避税、避债的手段，而是拥有财富者放下对金钱的执着，将心愿和家族精神传承发扬的智慧途径；"投资"不再是为了获得超额回报而做出的金钱博弈，而是将收入节余主动注入那些为社会创造更多价值的团体、企业和机构；"理财"也不再是为了将资产从这个形态变成那个形态，而是现在的自己给家人和未来的幸福生活提前播下的爱的种子。

而我，作为财富管理顾问，我的工作将是协助好姐妹们重建对财富的理解，助力她们用金钱向自己、他人和世界更好地表达爱，引领她们对财富主动管理、对金融工具善巧应用，从而更加确定地实现人生梦想、完成愿景和使命。

结 束 语

工作真正的意义是成为我服务社会、理解人类和亲密关系、照见成长最好的修道场。

如今,我的父亲和母亲经历岁月洗礼,已经各自安好;我山里的学生们也在成家立业中品尝和感悟着现实生活带给他们的生命礼物;儿子成长为情商和财商兼备、爱情和学业共修的传媒学院大学生,他的创业之旅在"我爱钱,更爱你"的座右铭下顺利开启。

我也在财富与爱的觉醒中,和更多的卓越女性一起,继续探索和创造,实现各自精彩却相互有交集的未来。

愿你和我们同行!一起共创财富丰盛、在爱中觉醒的自由人生。

小山

高科技企业前运营副总裁
国际教练联盟认证领导力教练、团队教练
高科技企业管理咨询顾问

扫码加好友

小山天性友好、乐观、散发出热情和动力、适应性强,能坦然接受变化;她热情的天性加上灵活婉转的沟通方式,通常能够使别人开放自己和投入参与;小山会努力让别人觉得轻松自在,留下好印象,她非常擅长说服别人;工作时,她充满热忱,能灵活地调整步调,并且敏锐地察觉不同的挑战,做出相应的改变。

第四章 找到生命的意义,过值得的人生

每个人都是自己命运的领导者

你觉得,谁是你命运的领导者呢?

曾经,引领我的,是我父亲。

现在,我成为自己命运的领导者。

商业领袖的最初印象

40年前,我出生在东北中朝边境上一个风景秀丽的小镇。小镇的人口由两家国企单位的员工组成。这里的大人们常年奔赴祖国各地,建设水电站。他们的孩子,通常被寄养在祖父母或者亲友家中。

我 10 岁那年,改革开放的春风也吹到了小镇。父亲在单位参与经营了两家公司以后,放弃了他的"铁饭碗",下海经商。从那个时候开始,我的生活和身边同学的开始有了些不一样。

六一儿童节前,我能够吃到家门口小卖部里从来没出现过的零食;放暑假,父亲会带上我和母亲去市区里的公园游玩;偶尔出差,父亲还会带回一个毛绒玩具给我。这些经历,对于那个小镇的孩子来说,真的是只有在电视里才能看到的事情。父亲,也越来越成为作为小女孩儿的我心里实实在在的榜样。

和所有下海经商的人一样,父亲的生意也是起起落落。还是小孩的我,总能通过家里饭桌上的菜肴、母亲和朋友们闲聊的话题以及父亲出差的距离感受到这些变化。

然而,我听到最多的,还是大家对父亲为人处世方面的赞誉。懵懂记得,有人说到父亲如何在他资金周转困难时,伸出援手帮助;还有人说起,父亲在处理某些利益关系时,坚持自己的原则,赢得了所有人的尊重;甚至还有人想要跟随父亲下海经商,改善家庭生活。这些,也让那个还不太懂得商业为何物的我,对父亲心生崇拜,可以说,父亲的样子,是我心里对商业领袖的最初印象。

记得我上高一那年,小镇上开了一个"小店",里面摆放着好几台电脑,有很多叔叔伯伯每天出入,听说是在做一件叫"炒股"

的事情。我问父亲,炒股是什么?父亲细细地向我解释股票的基础知识,告诉我在上海有一个叫"证券交易所"的地方,我暗自想:嗯,考上海的大学吧,那里一定充满浓浓的商业气息。

事实上,我并没有如愿考上上海的大学,最后被调剂到了湖南师范大学商学院,也算圆了一半的梦。我独自一人,神采奕奕地踏上求学的列车,感觉人生的新篇章从此展开,未来的我要在商业的世界里翱翔打拼。

然而,就在新生军训结束后,我收到了噩耗,父亲因为交通事故意外去世了。回到家中,在长辈们的操持下,配合完成所有与告别有关的仪式以后,我回到了学校。

直到两年前,在一次探索关系的工作坊上,我才意识到,我的心里从来没有与父亲真正地告别,我从来没有接受他已经离开这个事实。

一夜间,我开始用一个大人的标准来要求自己。我相信,只要我努力工作,命运就掌握在我手里。我要履行照顾妈妈的责任,我要对自己的学习成绩和未来的发展负责。

"鸡血模式"的自我领导

回到学校,我把自己所有的情感收拾起来,用学习和学生会工作塞满了我所有的日常生活。寝室同学约我去公园郊游,我提醒她要给自己设定人生目标;高中时的闺蜜给我写信,问候我的近况,我满纸写下的都是如何规划需要靠自己打拼才能赢的人生;有男生追求,我连表面上的感激都懒得表达,觉得这完全是在浪费时间。

在完全无意识下高速运转的"鸡血模式",给自己带来了如期的回报。大学四年里,我每一年都拿到年度奖学金,最终因为成绩突出,获得了学习成绩特等奖学金。同时还因为作为学生干部表现突出,连续每年获得优秀干部奖学金。系主任每次在学校宣传栏上看见我的名字,都忍不住面露微笑,每次见到我都忍不住拍拍我肩膀,称赞我"前途无量"。

大三临近期末,我因为参加了学校的"女大学生之星"评选,获得优秀成绩,被那场活动的赞助单位 LG 电子(湖南)邀请参观,随后顺利拿到录用通知,毕业后顺利入职 LG 电子(湖南)人力资源部。

顺利走上工作岗位后,我把"鸡血模式"发挥到了极致。作为一个职场新人,分配给我的工作并不复杂,也没有那么饱和。可是勤奋如我,怎么会让自己有一刻空闲呢?我主动给部门里的每一位前辈提供帮助,他们工作中烦琐的数据、海量的电话、需要大量协调的会议安排,我通通代劳。

因为在大学里有担任学生干部的经历,我的工作上手很快。没过多久,前辈们就很放心地把大量工作交给我做,而我也因为能够学到很多东西而乐此不疲,经常是白天的工作时间用来处理前辈们需要协助的工作,晚上加班来完成自己的本职工作。

就这样工作了一年半以后,因为久坐加班,把自己累得腰椎间盘突出。即使这样,我也只在双脚失去知觉、无法着地时休息了两天,稍微好转,立刻回到公司上班。

我刚入职 LG 电子(湖南)时,正处于公司效益特别好的黄金时期,下班时坐在喷涂了公司标志的班车上,奔流在长沙最繁华的大道上,仿佛吸引了整座城市的瞩目。

源于领导力的生命意义

四年后,在公司经营管理层几番努力后,依然未能力挽狂澜,总部决定关闭湖南工厂。

我很尊敬的职场前辈,她们为这家深爱的公司辛勤服务了十几年,甚至想要把自己的职业生涯奉献给这家公司,那一刻却要面对突然失业;还有二十几岁的年轻人,是我和同事们三个月前跑遍了湖南省所有的中高职院校才辛苦招聘来的,他们刚刚通过培训期。

负责员工解约工作的我,看到前辈们和新人们迷茫的眼神,我开始思考,究竟有什么是可以让一个人在一生中始终拥有安全感,不会因为外在环境的变化而迷失方向、无能为力呢?

那时的我,并没有找到最本质的答案。我的选择是,到机会更多的北京,进入朝阳行业,让个人的职业生涯随着行业的发展走上快车道,成为行业里的稀缺人才。于是,我选择了互联网行业,顺利加入一家国内头部的网络游戏公司。

从此以后,我的每一次职业跃迁都实实在在地踩上了行业大趋势的红利,使我一直有机会面对行业中没有先例的挑战,同时完成了很多行业前沿的创新项目,实现了自我能力的飞速提升。

直到 10 年前,我成为一名新手妈妈。产假休完以后,复工上班。

不久,就迎来了集团历史上最大型的组织变革,我所支持的部门在那一次变革中面临很复杂的重组,有新的领导空降,有多条业务线面临整合及裁撤。一时间,业务部门阴云笼罩,人心惶惶。

作为人力资源业务合作伙伴,我需要完成多条主线的业务梳理和人才梳理工作。巨大的工作量,每天加班,让我无法给予孩子足够的陪伴。

有一天晚上,下班回到小区门口时,已经近 10 点,我远远看到母亲抱着孩子在小区门口打转。那是一个深秋的夜晚,6 个月的小孩正常在晚上 8 点左右就会睡着,可是我的小孩,因为想妈妈,不肯回家,用动作要求姥姥抱着他,在小区门口等妈妈下班,那里是能够最早见到妈妈的地方。

看到路灯下,一老一小的身影,我心里排山倒海的沮丧袭来。那似乎是我第一次感觉到,我认输了。既出色地完成工作,又能做个好妈妈,这件事我做不到了。

我又一次陷入了无能为力的境地。

在很尊敬的职场前辈的指引下,带着"寻医问药"的心态,我来到了教练的课堂,没想到一下子就爱上了。上完第一阶教练课以后，我就想着退休以后继续做一个助人成长的教练。

伴随着教练的学习、持续的自我探索，我渐渐找到了问题的答案：究竟有什么是可以让一个人在一生中始终拥有安全感，不会因为外在环境的变化而迷失方向、无能为力呢？答案是找到属于我们自己的生命意义，清楚地知道我是谁，我这一生的工作是什么，并且为此而行动。

这10年来，我的生命意义就是提升自我的领导力，支持几百名企业的中层经理，帮助他们带领团队在一次次重大项目中取得成绩，实现了个人成长和职业发展的双丰收。

我自己也在这个过程中，渐渐清楚了我的教育理念。在我的认识里，对孩子最好的教育就是"活出自己，给他看"，同时我也知道了自己想要活出的样子。

人人都可以成为领导者

我一直对商业，尤其是创业充满热情，于是自我探索两年后，在老板和所有同事的反对声中，我决定离开安稳无忧的互联网大厂,加入初创型公司,正式开始了我的商业探索。

在初创公司,我渐渐拓展了自己的领域,从人力资源拓展到公司中后台的业务运营。我用三个月的时间大量学习金融知识,一边学习一边实践,带领一支咨询团队,获得了三家商业银行的业务合作合同;推动了公司在两年内,根据市场变化,完成了三次业务迭代,并签下了每一次业务迭代时的第一份商业合同,作为参考案例。

最让我有成就感的是,在这些工作中,我用同理心和真诚的沟通,与客户共创合作。每一次的合作,都能让团队和客户获得满满的成就感。在这个过程中,每个人的领导力都得到释放。不仅在工作中产生了主动性,他们整个的人生都因此而不同。

有一个下属,在工作中总是不能很直接地表达自己的想法,如果合作的同事言辞稍微坚决,她就会为了回避冲突,隐藏自己本来很合理的工作思路。在我的一次次帮助下,她终于突破了自己,慢慢开始敢于在工作中表达,并且明白了有时表达不同的意见反而是让大家变得更加亲密的机会。她也慢慢地在与她老公的相处中主动表达,二人关系从冷淡变得亲密无间。

2022年春节后,我在一家自动驾驶公司工作,负责人力资源和政府关系相关的工作。

有一天开车上班的路上,我突然听到一个声音对我说:"小山,你确定还要继续把自己困在办公室里工作吗?是不是可以换个方式了?"听到这个声音,我无比确定那就是我心里的声音。

于是,我决定离开职场,自己创业。把我热爱的领导力发展、未来商业和创新性组织发展结合起来,不局限于某一家公司,而是以管理咨询、领导力教练和培训的方式支持更多的公司,赋能组织及个人成长,让每个人都成为自己的领导者。

结 束 语

每个人天生就有领导力。在一个组织里,每个人的领导力都得到释放,所有的领导者通过共创合作,一起实现共同的商业愿景,创造社会价值,实现人与自我、与他人、与地球生态友好联结,实现商业成果。

这就是我心里未来商业的样子,也是未来组织的样子。

颜菁羚

菁羚理财创始人
财务建筑师
金钱整理培训师

扫码加好友

颜菁羚天性友好、乐观、有创新能力和洞察能力、适应性强,能坦然接受变化;她坦率果断、有驱动力和主动开拓能力,也喜欢处理事务性的工作;她热情的天性加上灵活婉转的沟通方式,通常能够使别人开放自己和投入参与;在社交场合下,她会运用魅力、说服力和微笑来努力改变敌对情境;她非常善于打开局面,是个优秀的主动开拓者。

从高薪"月光族"到理财女王的逆袭之路

我第一次登上人生的舞台,就让一些人下不来台。

幼儿园的时候,学校组织讲故事比赛。我背不熟稿子,爸爸狠狠批评我,于是我不想上台了,老师对我软硬兼施。

好吧,我试试看。比赛当天,我怀着紧张的心情登台。奇怪,到了台上,我反而不紧张了。我用洪亮的声音对大家说:"各位老师,各位同学,大家好。今天我要讲的故事就是,我讲完了,谢谢大家。"

你没看错,我就说了几句话,然后就兴高采烈地下台了。老师脸色铁青,告诉我:"你这样的表现,是拿不到好宝宝贴纸跟奖励的,而且以后也不会再给你这样的机会了。"

我看着老师说:"没关系,我不想要。"从此以后,我相信,在人生的舞台上,谁也不能阻止我做自己。

在金融业做得风生水起，却是"月光族"

2004年大学毕业后，我进入了金融业中的证券商工作，成了股票营业员。初入金融业的我，人生就像被开启了新世界的大门一样，学习了好多金融商品的基础知识，以及全球经济的运行规则。每天都觉得很新鲜、有趣，甚至会对股市上上下下的红线、绿线感到兴奋。

进入金融业，开始是为了生存，我关注的是如何把金融商品卖出去。我接受的训练，也大多为销售技巧，每天的工作就是在电话里说："阿姨，这个基金最合适您……""老板，这个股票选着没错啦……"

随着全球股市的上涨，我的收入也水涨船高。我推荐客户买什么，客户都会赚钱。许多爷爷奶奶也捧着自己的血汗钱，想要让我给他们介绍好的投资标的，好让他们可以用钱生钱。

天天带着客户杀进杀出，当时以为是自己很厉害，客户也都把我视为投资大神。我开始有种轻飘飘的感觉，觉得巴菲特也不过如此了。

但2008年的金融海啸来袭，应验了巴菲特说的一句话："退潮的时候，才知道谁在裸泳。"

那时，我才体会到，厉害的是大环境，而我只是搭上了这班顺风车，不是自己真的那么神。其实我只是个金融商品的销售员，用到的全是销售话术。股市好的时候，看不见背后的风险，也没有时间去思考这些商品的投资属性及风险等级是否符合客户的财务体质。

就像药店里有各种各样的药，但是每种药，病人吃下去之后，会产生什么后果，会不会有副作用？为了完成工作任务，为了保住自己的饭碗，我必须一次又一次地把这些"药"卖出去，所以我的客户也在无形当中做了很多不合适他们自身财务体质的投资。但是这个问题，在没有出现股灾之前，都没有浮出水面，也没有任何人发现哪里不对劲，因为睁开眼睛就能赚钱，谁会去想风险？

2008年的全球金融海啸，让客户损失非常惨重。我每天都要打融资断头的追缴电话，如果客户没有钱弥补亏损，券商就会强制卖出客户的投资，造成巨大的亏损。

一位退休的老人家，面色凝重地跑到公司来，对我说："小颜啊，我的投资怎样了？"当听到本金已经亏损50%的那一刹那，他非常无助地望着我，抓着我的双手，眼眶泛泪地问："怎么办？我该怎么办？这是我的退休本钱呀，我以后该怎么办？"

我可以感受到他并不是要来怪罪我，而是真的很无助。看着他,我的心都在淌血,和我父亲相仿的年纪,都退休了,却还不能好好享受生活,真的是情何以堪。我一句话都说不出来,无计可施,因为那阵子,就算想卖都卖不掉,市场上弥漫着悲观及恐慌的情绪。

我的内心充满了无力与罪恶的感觉,回到家,只要一闭上眼睛,脑子里就会浮现出老人家无助的眼神。在那个当下,我终于理解到:我说的每一句话,给客户的每一个建议,都会影响他们很长远的人生。每一个产业存在的意义,不就是要让人们的生活过得更美好吗?为什么我在金融业好像看到的不是这样,人们没有因为做了这些财务决策而让自己的生活过得更美好,反而增添了许多困扰呢?

我开始意识到自己的工作,似乎是有问题的。赫然发现,我从来没有推荐过自己的爸妈买任何公司规定要销售的金融商品。我每天跟客户说这个产品好,那个产品棒,讲得天花乱坠,但是我没有让自己的家人买,难道不是因为心里也觉得这些东西的风险很高?

我再也感受不到这份工作的价值,越做越不开心。2012年,我去了香港的券商工作,情况还是一样,每天被业绩追着跑,承担着客户投资赚赔的巨大压力。下班后,只想通过吃喝玩乐来犒赏自己,花钱也大手大脚,买名牌包、名牌鞋。月入数十万元的我,可以把收入花得一毛不剩,成为一个妥妥的高薪"月光族",每个月靠刷卡度日。

一开始,我并不觉得这样的日子有什么问题,我想着:现在何必在意,明天理所当然会更好,反正每个月发工资的时间到了,数十万元的薪水就会进账,那就花吧,别想太多。

殊不知,"好花不常开,好景不常在"。直到有一天,保险公司通知我全家的年度保费是5万元,而我发现户头里的存款只剩下几千元,我告诉自己不能再这样下去了,再走一步就是深渊。

你能想象,整天都在告诉客户"如何投资理财,如何实现财富自由"的我,自己的财不但没有理好,连家庭的年度保费都缴不出来?外人看我是个高大上的金融业高端人士,每个月坐飞机四处奔走,薪水很高,殊不知我是连自家财务都不知道如何打理的高薪"月光族"。

因财务建筑师
获得精彩的人生

我常常因为钱的事情和先生起争执。他是长线的价值投资者,而我是短线进出的投机者。他谨慎保守,我花钱大手大脚,所以常常意见相左,让我们都很困扰,争执不断,心力交瘁。

他因为在金融业当法人机构的投资顾问,投资的逻辑跟方法都是以资产配置为主的。后来,他告诉我,在国外有种服务客户的方式,是以收取顾问咨询费,不以推销金融商品为前提的独立财务顾问。他们站在中立的角度,诊断客户的财务体质,评估出最适合客户的财务管理模式,陪伴用户养成良好的财务管理习惯,滚出他们的资产雪球。

这时,我才意识到,我在金融业学习了很多金融商品知识,股票、基金、期货选择权、投连险、理财险、结构型商品,我样样都懂,但我只是"人肉产品说明书",却完全不知道这些工具如何为客户所用,怎么评估跟诊断适不适合他们,对他们的整体财务起到什么作用?

如果我学会这个服务的模式,不但可以服务客户,也可以拿来用在自己身上,为自己的家打造出合适的财务管理系统,这样就不用再跟先生为了金钱吵架,还可以成为孩子的好榜样,一举数得。

我要探索我愿意做的事情,我不想被工作绑架,要按自己的意愿过一生。

老天爷可能听到我的愿望了,一次偶然的机缘,让我接触到了"财务建筑师"这个职业,我发现这完全就是我向往的职业方向,于是我花了学费,重新学习如何成为一个不以推销金融商品为前提的财务建筑师。

从了解客户的金钱价值观以及对未来财务目标的想法开始,到他们在财务上的担忧及恐惧、对自己未来的期待,再到后面的财务问诊,基于客户的这些想法,再加上我专业的诊断,提出可执行的方法,并且通过一年的陪伴及指导,协助他们打造出自己的财务蓝图。

我从原来是个"卖药的",只关心我的商品能不能卖出去,转变成为一个帮助用户过上财务健康生活的财务建筑师。我希望客户活得长长久久,财务健康,不被金钱所困,拥有精彩的人生。

我还在学习的过程中,就迫不及待地分享给家人。而第一个成为我的财务规划个案的人,就是我的亲妹妹,这和过去我在金融业完全不敢推荐家人购买金融商品的情况有着天壤之别。

因为拥有健康的财务体质,是每个人都想要也需要的,对于每个人也会非常有帮助,后来我的爸爸、妈妈也成了我的第一批客户。就连我自己,也用了这个方法,从一个高薪"月光族"转变成为理财女王。

当我知道通过完整的财务规划去找到自己的财务蓝图,对每个个人及家庭都会有极大的帮助时,我首先就是从身边的家人开始分享,同时也通过网络,将真正的财务管理方式传递给更多人。

我终于找到了自己喜欢的事情,按自己的意愿过一生。

财务蓝图，
让迷茫的人看到未来

2016 年，我正式从金融业离开，到现在，我已经协助上千个个人及家庭，找到了自己的财务管理模式。每做完一个个案，我就像看完一个人到目前为止的人生故事，也能感受到客户对未来的想象跟期待，他们从眉头深锁，到看完财务报告书那种豁然开朗的表情，让我发现这真的就是我喜欢做的事情，因为我真的可以用我的专业去帮助别人的生活变得更好。

有一对常常为钱吵架的夫妻，在财务问诊的过程中，才发现了彼此真正的想法。看完财务报告书之后，在财务上达成了共识，各司其职。夫妻同心，其利断金，执行九个月后，他们就发现已经完成了当年的财务目标，全家开开心心地去旅游 20 天，夫妻的感情也更好了。

一位独立抚养孩子的单亲妈妈，想要将自己的财务理出一个系统性的管理方式，这样她才清楚未来赚的每一分钱要如何聪明地花和有效率地存，让自己在花钱与存钱之间找到平衡点，并且带来安全感，保障孩子能安稳地长大，接受良好的教育。在努力赚钱抚养孩子的同时，对于未来也更有方向感。

在我持续陪伴这位单亲妈妈做月度检视的过程中，她构建出了自己的财务管理系统，内心变得笃定，有方向，有安全感，整个人散发出来的能量有别于过去那个不自信的自己。后来，又吸引了自己理想中的对象，人生就像"开挂"一样，越走越顺利。

还有很多创业者，在创业初期，不知道从上班族转为自由职业者的收入要如何估算，保底的收入要有多少才能让自己维持正常的生活、年度营收目标如何预估才能让自己的事业长长久久地经营下去，并且完成自己未来所有想要完成的事。

通过完整的财务工程测算，看见清晰的蓝图，他们终于可以明明白白地活着，因为一切是那么的清晰，做的每一步财务决策会让自己的财务模型产生什么变化、自己的财务风险承受度在哪里，都看得一清二楚。

最近我做的财务规划个案，是一位在明年就要退休的老人家。他来做财务规划的原因是，想看看自己退休前所累积的这些资产，足够让他用到多少岁。在2019年，他听了理财专员的建议，买了很多不合适的基金，所以导致亏损，他一直觉得银行的理财经理给的建议都是片面式且单点式的，无法有一个全面且系统性的总览，所以想要找到自己的财务蓝图，看见自己的全生涯财务模型长什么样子。

在看完财务报告书之后,他跟我说:

原来财务工程的测算是如此的全面跟缜密,居然可以看得出什么时间点的现金流量会不够,现在该做什么调整,而不是等到钱真的花完那一刻才发现不够,事先就可以预见自己的财务未来。

退休后,我还有很多事情想去完成,例如旅游、孩子结婚等等。现在,我可以事先看见目前的财务资源,到了要花这些钱的时候,是够还是不够,以及如果要做投资,到底每年获得多少投资报酬率,就可以完成自己所有的财务目标。

看着报告,我才知道,原来5%就可以完成所有的目标,那么我就不用去追逐高收益,但有更高风险的投资了,也不用每天被投资市场的杂音弄得很烦躁了。

之前,我就像一个航行在大海中的船长,但手中的地图被盖上了一层迷雾,很多东西不清不楚,所以到底有没有走对方向,自己也不知道,对于自己的钱够不够用到终老,我一点信心都没有。

如今,我就像拿到了一张高清版的地图,很明确地知道自己接下来的每一步该怎么走,财务决策该怎么做最安全,我踏实多了,也轻松多了。

以上这些,是我之前在金融业根本无法为客户做到的事,因为我当时根本没有概念,也不知道怎么替客户做到这些,但现在我居然可以带给客户如此高价值的服务。

人对于未知都是会恐惧的,但是当我们清晰地看见自己的财务全貌,即使现在很糟,但也会知道自己接下来怎么做才会越来越好,其实也就没什么好害怕的了。

这几年,我从"关注商品"到后来变成"关注人",从"关注人"到"关心人"。我深刻地理解了"己所不欲,勿施于人"。现在,越来越多的人都想来跟我做同样的事。我的生活越来越有意义,因为我不但自己先变好,亲朋好友也变好,最重要的是,还有一群人愿意跟我一起去分享。这种你好我好大家好的感觉,在过去是感受不到的。

于是,我开班帮助普通人成为金钱整理师,还培训金融从业人员成为专业的财务建筑师。他们中有的人每个星期会去给比较弱势的家庭做公益的金钱整理轻咨询个案。

在一次咨询中,有一个弱势的家庭给的反馈是:"在还没做财务咨询前,我采取的态度是,过一天算一天,但经过这次财务咨询后,我发现原来我还有新的可能,还可以往前进。"

那一刻,我看到他们眼里有光。如果一个小小的举动,可以让一个弱势的家庭看见自己新的可能性,进而想要改变,那么这真的太美好了。

结 束 语

还记得我刚离开金融业创业的时候,整天就想着如何赚到更多的钱,要卖多少课,做多少咨询,眼里只有我自己。血淋淋的教训告诉我,如果一切都从自己的角度出发,就必须很用力才能赚到钱,有的时候甚至赚不到钱,因为我散发出来的能量都是"索取",所以在我创业的第一年,在网络上的收入是0。

当我把心思放在用户身上,针对他们深入地做调查,去理解他们,看见他们在理财投资上遇到的痛点跟难题,再提出相应的解决方案的时候,事情开始有了变化。神奇的是,我的咨询个案量越来越多。后来,我成立了财商教育平台,影响了平台上更多的老师一起来做财务建筑师。

这都是因为我把思维从"生存模式"转换成"我可以帮助多少人"。我很喜欢现在的生活,每天都感谢愿意改变自己人生的人,也感谢愿意一起推广正确财务管理观念的伙伴。

这样的能量,最后又都回到了我自己身上,我也收到了很多感恩、很多反馈,让我很开心。因为我可以有选择权,可以按自己的意愿过一生,也可以让很多人,因为打理好自己的财务,过上他们的优质生活,拥有美好人生。

　　财务建筑师将会是我一生的事业。我的愿景是带着一万个财务建筑师,服务一亿个家庭,让大家免受对金钱的担忧与恐惧,找到自己的财务蓝图,一步一步地构建好自己的财富人生,体验所有自己想要体验的,不枉来地球走这一遭。